Otto Steinhaus

Die Verbreitung der Chaetognathen im südatlantischen und indischen Ozean

Otto Steinhaus

Die Verbreitung der Chaetognathen im südatlantischen und indischen Ozean

ISBN/EAN: 9783744611534

Hergestellt in Europa, USA, Kanada, Australien, Japan

Cover: Foto ©berggeist007 / pixelio.de

Weitere Bücher finden Sie auf **www.hansebooks.com**

Aus dem zoologischen Institut zu Kiel.

Die
Verbreitung der Chaetognathen
im Südatlantischen und indischen Ozean.

Inaugural-Dissertation

zur Erlangung der philosophischen Doktorwürde

an der Christian-Albrechts-Universität zu Kiel

vorgelegt von

Otto Steinhaus
aus Hamburg.

—— Mit 2 Karten und 1 Tafel. ——

KIEL.

Druck von L. Handorff.

1896.

Für die Untersuchung über die horizontale und vertikale Verbreitung der Chaetognathen stand mir folgendes Material zur Verfügung:

1. Von der Plankton-Expedition die 24 Züge mit dem sogenannten Vertikalnetz aus dem Gebiet des Süd-Äquatorialstromes.

2. Von derselben Expedition die Chaetognathen sämtlicher Schliessnetzfänge.

3. Von Stabsarzt Dr. von Schab 1892/93 gesammeltes Material von der Westküste Afrikas.

4 Die Chaetognathen aus 39 Fängen, die Dr. Schott und Kapitän Bruhn an verschiedenen Stellen des atlantischen und indischen Ozeans in den Jahren 1891—93 gemacht haben.

5. Die Chaetognathen aus dem Hamburger naturhistorischen Museum.

6. Die Chaetognathen aus 2 Fängen, die Dr. Michaelsen auf seiner Reise nach Feuerland 1892/93 gemacht hat.

Das unter 1 bis 4 angeführte Material verdanke ich Herrn Professor Brandt, das unter 5 angefuhrte Material dem Direktor des Hamburger Museums, Herrn Professor Kraepelin, die beiden Fänge unter 6 Herrn Dr. Michaelsen.

Ausser den schon bekannten Arten *Sagitta hexaptera, bipunctata, enflata, serratodentata, Krohnia subtilis, hamata, Spadella draco* fand ich zwei neue Species, für die ich die Namen *Sagitta furcata* und *Sagitta planctonis* vorschlage.

Von übrigen sonst bekannten Species wurde keine gefunden. So wurde namentlich *Sagitta tricuspidata Kent* vermisst, die nach Levinsen im mittleren Teil des atlantischen Ozeans leben soll.

Meine Untersuchungen schliessen sich unmittelbar an diejenigen von S. Strodtmann an. (Die Systematik der Chaetognathen und die geographische Verbreitung der einzelnen Arten im nordatlantischen Ozean. Nach dem Material der Plankton-Expedition.) Ich kann daher auf diese Arbeit verweisen und werde nur die von mir im untersuchten Stromgebiet, dem Süd-Äquatorialstrom, gefundenen neuen Arten kurz beschreiben und die von obigem Autor aufgestellte Bestimmungs-Tabelle erweitern.

I. Systematischer Teil.

Sagitta planctonis nov. spec.

Mittelgross, 2 cm lang. Seitenfelder stärker entwickelt. 8 Paar Greifhaken, glatt, einfach. Vordere Zähne 5 bis 6, hintere Zähne bis 12. Vorderflossen sehr schmal bis zur Mitte des Bauchganglion gehend, Hinterflossen von dreieckiger Gestalt. Schwanz $^1/_4$ der Totallänge.

Die Körpergrösse — siehe Tafel Fig. 1 — ist ziemlich konstant. Das Tier erreicht eine Länge von ca. 2 cm. Der ganze Habitus des Tieres gleicht dem einer grossen *Sagitta bipunctata*; andrerseits aber nähert sich die Art doch wieder der *Sagitta hexaptera*, indem die Seitenfelder denen der letzteren ähneln. Der Kopf ist gross und vom Rumpf scharf abgesetzt. 8 Paar Greifhaken sind vorhanden. Dieselben sind glatt und einfach, ohne umgebogene Spitze. Die Zahl der vorderen Zähnchen beträgt 5 bis 6, die der hinteren bis 12. Von Flossen sind 2 Paar vorhanden. Das vordere Paar ist sehr schmal und reicht bis zum Bauchganglion; das hintere Paar ist bedeutend grösser und von dreieckiger Gestalt. Hierin ähnelt die Art also *hexaptera*. Die Länge des Schwanzes beträgt ca. $^1/_4$ der Totallänge. Die muskelfreien Seitenfelder sind ausgebildet, aber bei weitem nicht in dem Maasse, wie bei *hexaptera* und bedeutend grösser als bei *bipunctata*, sodass das Tier ein viel strafferes Aussehen erhält, eins der Hauptunterscheidungs-Merkmale, die die Art von den andern genannten trennt. Das Bauchganglion ist lang und schmal und erhebt sich, namentlich in der Seitenlage deutlich sichtbar, als »Bauchsattel« über die Körperoberfläche. Das hauptcharakteristische ist demnach die Form und die Lage der Flossen, besonders der vorderen zum Bauchganglion, die Seitenfelder und die Bewaffnung des Kopfes. (Siehe auch Tafel Fig. 2.) Vorkommen: Süd-Äquatorialstrom, Grosse Fischbay, Angolaküste.

Sagitta furcata nov. spec.

Gross, über 2 cm lang. 8 Paar Greifhaken. Vordere Zähne 6, nicht einschlagbar. Hintere Zähne 8. Vorderflossen sehr schmal, hintere Flossen von der Gestalt eines Halbovals. Schwanzflosse zweiteilig. Schwanz ¹/₆ der Totallänge.

Sagitta furcata — siehe Tafel Fig. 3 — erreicht eine grössere Länge als die vorige Art. Sie hat auch nicht deren straffes Aussehen, sodass sie sich mehr *hexaptera* nähert. Doch sind mehrere Merkmale so konstant, dass es nötig schien, sie gänzlich von dieser Art zu trennen und nicht etwa als eine Varietät der letzteren zu bezeichnen. Abweichend sind zunächst die Hinterflossen, die nicht die mehr oder weniger dreieckige Form besitzen, sondern die Gestalt eines langen Halbovals haben. Die Vorderflossen sind sehr schmal und häufig recht schwer zu erkennen; sie liegen den Hinterflossen ziemlich nahe, sind etwas kürzer als diese und liegen weit hinter dem Bauchganglion, ein Merkmal, das sie von der vorigen neuen Art unterscheidet. Die Greifhaken sind in der Achtzahl vorhanden und ähnlich denen von *hexaptera* gebaut. Die Vorderzähne aber weichen bedeutend ab, sie sind nicht so überlang, sondern kurz, eng zusammenstehend, nicht einschlagbar, wie bei *hexaptera* und in der Sechszahl vorhanden. 8 Hinterzähnchen. Der Schwanz besitzt eine zweiteilige Flosse und ist ca. ¹/₅ der Totallänge. Das Bauchganglion ist plump und dick. Zu erwähnen ist auch die breite und in der Längsrichtung befindliche Mundspalte. Die Bestimmung wurde sehr erleichtert, indem das Tier eine eigentümliche Runzelung der Epidermis zeigte. Ob diese von den Konservierungs-Flüssigkeiten herrührte oder ob das Tier diese Erscheinung schon im Leben bot, muss ich dahingestellt sein lassen, da mir nur totes Material vorlag. (Siehe auch Tafel Figur 4 und 5.) Vorkommen: Süd-Äquatorialstrom, Sargossosee. (Tiefen von 500 m und 800 m.)

Nach Einfügung der neuen Arten in die Strodtmann'sche Bestimmungs-Tabelle erhält man diese folgendermaasen vervollständigt.

Bestimmungs-Tabelle.

I. 2 Paar seitliche Flossen. 2 Reihen Zähnchen. Schlanker Habitus.

1. Zahl der hinteren Zähne grösser als die der vorderen.

a) Rand der Greifhaken glatt, Spitze derselben nicht gekrümmt.

α. Seitliche Flossen zusammenstossend.

$3^{1}/_{2}$ cm lang, $4-7$ v. z., $8-11$ h. z Geruchsorgan liegt ganz auf dem Rumpf. Die vorderen Nerven des Bauchganglion bis zum Kopfe nahe nebeneinander laufend. **Sagitta lyra.**

β. Seitenflossen deutlich getrennt.

aa) Bedeutende Grösse der erwachsenen Tiere.

αα. Relativ grosse Seitenfelder, schlaffes Aussehen. Schwanz $^{1}/_{4}-^{1}/_{3}$ der Totallänge.

A. Schwanz ungeteilt. Greifhaken $6-7$. v. z. $3-5$. h. z. $5-7$. **Sagitta hexaptera.**

B. Schwanz zweiteilig. Greifhaken 8. v. z. 6. h. z. 8. **Sagitta furcata.**

ββ. Keine so grossen Seitenfelder. Straffes Aussehen. Greifhaken 8. v. z. $5-6$. h. z. bis 12. **Sagitta planctonis.**

bb) Grösste Länge $1-2$ cm.

αα. Hinter dem Kopfe Verdickung der Epidermis. Weit hervorspringende Samenblasen. Geruchsorgan sehr lang. Greifhaken $8-10$. v. z. $4-6$, h. z. $10-15$. **Sagitta bipunctata.**

ββ. Keine Verdickung der Epidermis. Vorne am Darm 2 Blindsäcke. Länge 1 cm, $6-9$ Greifhaken. $3-4$ v. z. $7-8$ h. z. Spitze der Greifhaken etwas eingebogen. **Sagitta minima.**

γγ. Epidermis dünn. Keine Blindsäcke. $8-9$ Greifhaken ohne umgebogene Spitze. $6-9$ v. z. $9-12$ h. z. 2 cm lang. Kopf klein. Rumpf verhältnismässig dick. **Sagitta enflata.**

δδ. $11-14$ Greifhaken, gewöhnlich 12. $^{3}/_{4}$ Zoll lang. $6-7$ v. z. 18 h. z. **Sagitta falcidens.**

b) Rand der Greifhaken gezähnt, Spitze umgebogen. $6-8$ Greifhaken. $6-8$ v. z. $10-12$ h. z. Länge $1^{1}/_{2}$ cm. Schlank. Deutlich hervorspringende Samenblasen. **Sagitta serratodentata.**

2. Zahl der hinteren Zähne kleiner als die der vorderen.

a) 3 v. z. 1 h. z.   Grösse 3,5 cm.   8 Greifhaken.

Sagitta tricuspidata.

b) 4 v. z. 3 h. z.   Greifhaken 10—13.   Länge 4,1 cm. Schwanz ¹/₅ der Totallänge.   **Sagitta magna.**

II. 1 Paar Seitenflossen auf Rumpf und Schwanz liegend. 1 Reihe Zähnchen. Körper schlank. Epidermis nicht verdickt.

1. Spitze der 8—9 Greifhaken knieförmig umgebogen, in der Jugend mit Zähnen versehen, 20—25 Zähnchen in einer Reihe. Ovarien rötlich 3—4 cm.   , **Krohnia hamata.**

2. 8 Greifhaken, unten breit, oben sehr spitz. Zähne in einer krummen Reihe, ca. 18 unten mit einer flaschenhalsförmigen Einschnürung. Körper dünn, 1—1¹/₂ cm.

Krohnia subtilis.

III. 1 Paar Seitenflossen, nur auf dem Schwanze liegend. Körper verhältnismässig sehr breit wegen der hinter dem Kopfe liegenden bedeutenden Ausbreitung der Epidermis. 2 Reihen Zähnchen. Grösste Länge 1 cm. Schwanz und Rumpf meistens gleich lang.

1. Hinter dem Kopfe mächtige Ausdehnung der Epidermis, bestehend aus sehr grossen Zellen. In derselben, in der Höhe des Bauchganglions liegend, ein Buschel starrer Fäden. Tastorgane auf Hügeln. Greifhaken 9—10. v. z. 6—8. h. z. 12—18.   **Spadella draco.**

2. Seitliche Ausdehnung der Epidermis nicht so gross, Zellen derselben kleiner. Tastorgane in Grübchen. Am Rumpf ausser den longitudinalen noch Transversalmuskeln. An der Unterseite des Bauches Klebzellen. Schwanz- und Seitenflossen stossen zusammen. An der Kopfkappe 2 Papillen zu keulenartigen Tentakeln verlängert. 8—9 Greifhaken, ein wenig gezähnt. 3—4 v. z. 3—4 h. z.

Spadella cephaloptera.

3. Voriger Species ähnlich, aber Schwanz grösser als Rumpf (bei der vorigen gleich), keine Klebzellen. Flossen mit Warzen bedeckt und mit einer Anzahl an beiden Enden zugespitzter am Rande gezähnten Dornen.

Spadella pontica.

4. Tastorgane umgewandelte Epidermiszellen, ebenso Klebzellen. Anus dorsal. Mündung der Eileiter ventral. Geruchsorgan fehlt. Epidermis farblos. Seitenflosse ohne Strahlen. Ein Ganglienpaar im hinteren seitlichen Winkel des Gehirns. **Spadella Marioni.**

Bezüglich der früheren Litteratur kann ich auf Strodtmanns Zusammenstellung verweisen. Seitdem ist folgendes erschienen:

1. Verrill: Report upon the invertebrate animals of Vineyard Sound and adjacent waters.
Washington: Governement Printing office. 1874. pg. 332 [626].

2. Scott: The food of Sagitta.
Ann. Scott N. II. 1891. Vol. 1 pg. 142—143.

3. Derselbe: The food of Sagitta.
Additional note in Ann. Scott Nat. Hist. 1893. April. pg. 120.

4. Mastermann, Arth. F.: Note on the food of Sagitta.
With 2 figg. in Ann. of Nat. Hist. (3). Vol. 13. May pg. 440—441.
Junge Sagitten werden von Obelia gefangen und verzehrt, grössere fressen wahrscheinlich umgekehrt die Hydroidpolypen (citiert nach Zool. Jahresbericht für 1894). ●

5. Brandt: Über die biologischen Untersuchungen der PlanktonExpedition. Verhandl. der Gesellsch. für Erdkunde zu Berlin. 1889. Heft 10.
Über das Vorkommen von Sagitten in Tiefen von 2000 bis 1000 m und 1000 bis 600 m.

6. Boveri: Zellenstudien. Über das Verhalten der chromatischen Kernsubstanz bei der Bildung der Richtungskörper. Jena. Zeitschrift für Nat. XXIV. S. 331 ff.
Untersuchungen an *Sagitta bipunctata*. Zeit und Art der Eiablage; Verf. beobachtet den Entwicklungsprozess, Reifung und Befruchtung der Eier, bis zur Entstehung der ersten Furchungsspindel. Das Centrum der Spermastrahlung liegt neben dem Spermakern, die beiden Pole des Amphiasters gehen aus dem Centrum der Spermastrahlung durch Teilung unter Vermittlung einer Hantelfigur hervor.

7. **Zelinka:** Studien über Rädertiere. 3. Zur Entwicklungs-geschichte der Rädertiere nebst Bemerkungen über ihre Anatomie und Biologie. Zeitschrift für wissensch. Zool. 53. Bd. 1892. S. 150 und 152.

Verwandtschaft von Chaetognathen mit Rädertieren in Bezug auf das Bauchganglion.

8. **Khvorostansky, C.:** Sur la lumination des animaux de la mer blanche. Congrès internat. Zool. 2. Sess. 1. Partie. 1892. pg. 185—186.

Beobachtung über das Leuchten von *Sagitta bipunctata* in der Meerenge von d'Auser. Leuchtorgane wurden nicht ge-funden. Der Autor schreibt das Vermögen zu phosphorescieren gewissen Epidermiszellen zu, an denen eine Strukturveränderung aber nicht bemerkt wurde.

9. **Jourdain, S.:** Sur l'embryogénie des Sagitta.

Compt. Rendus de l'Académie des sciences Tome 114. 1892. pg. 28—29, auch in Ann. and Mag. of Nat. Hist. (6). Vol. 9 pg. 415—416.

Entgegen der Ansicht Kowalewski's und Bütschli's, nach denen sich das Coelom aus den beiden vorderen Aus-stülpungen des Urdarms entwickeln soll, bildet sich dieses, während die seitlichen Ausstülpungen atrophieren dadurch, dass zwischen Epiblast und Hypoblast sich eine Mesoblasthöhle bildet, die später zur Leibeshöhle wird. Frühzeitig bilden sich Zellwucherungen am Darmende, aus denen die Geschlechts-produkte entstehen. Die Chaetognathen sind den »Prévertébrés« zuzuzählen.

10. **Apstein, C.:** Die während der Fahrt zur Untersuchung der Nordsee vom 6.—10. August 1889 zwischen Norderney und Helgoland gesammelten Tiere.

6. Bericht der Kommission zur Untersuchung deutscher Meere. Kiel 1893. 17.—21. Jahrg. S. 195.

Sagitta bipunctata ist vor Helgoland sehr häufig.

11. **Dahl, F.:** Untersuchungen über die Tierwelt der Unterelbe. Wie vor. S. 171.

Vorkommen von *Sagitta bipunctata* bei Cuxhaven.

12. **Beraneck, C.:** Les Chétognaths de la Baie d'Amboine. Revue Suisse zool. Tome III. Fasc. 1. May 1895. pg. 254, auch in Journ. R. Micr. Soc. London 1895 P. 4. pg. 428—429.

Dieses Werk war mir nicht zugänglich. Der Verfasser beschreibt zwei neue Arten, *Sagitta Bedoti, Spadella Vougai*, aus dem malayischen Archipel (Molukken). Mit 1 Tafel. Nach Beendigung meiner Untersuchungen, als meine Arbeit sich schon unter der Presse befand, erhielt ich durch die Güte des Herrn Prof. Brandt Kenntnis von den beiden folgenden Aufsätzen von Conant.

13. Conant. F. S.: Description of two new Chaetognaths. Johns Hopkins' University circulars. Vol. XIV No. 119. Baltimore. June 1895. With 2 figg. pg. 77—78. Auch in Ann. of Nat. Hist. (6). Vol. 16. pg. 288—292. — Journ. R. Micr. Soc. London 1895. P. 5. pg. 534.

14. Conant, F. S.: Notes on the Chaetognaths. Johns Hopkins University circulars. Vol. XV No. 126. Baltimore. June 1896. pg. 82—85.

Die erste Arbeit ist rein systematisch und bringt zwei neue Arten *Spadella schizoptera* und *Sagitta hispida*. Die zweite Abhandlung enthält zunächst eine Untersuchung über die Eiablage, ferner über die Divertikeln des Darmes und stellt dann im systematischen Teil eine Chaetognathen-Fauna der Ostküste Nord- und Mittel-Amerikas auf. Ich habe diese Arbeit, wie auch die von Béraneck, der Umstände wegen leider nicht in meinem Text verwerten können. Der Verfasser nennt folgende Arten für das in Frage kommende Gebiet: *Sagitta elegans, hexaptera. flaccida, tenuis, hispida, Krohnia hamata, Spadella maxima, draco. schizoptera.* Von diesen sind neu *Sagitta flaccida, tenuis, hispida, Spadella maxima, schizoptera. Sagitta elegans* ist schon früher von Verrill beschrieben; Strodtmann hat eine Charakteristik der Art in seinem Aufsatz nicht aufgenommen, da ihm die betreffende Litteratur nicht zugänglich war. Ich hole das nach und citiere nach Conant: „*Sagitta elegans* ähnelt *bipunctata*. Länge 25—30 mm. Grösste Breite 1 mm. Schwanzsegment ¹/₅ der Totallänge. 5 Flossen, ähnlich denen von *bipunctata*, vordere Zähnchen 5—7, hintere Zähnchen 12—15. Geruchsorgan länglich oval. Accessorische Längssepten im Schwanzsegment vorhanden. Körpermuskulatur nicht so stark wie bei *hispida* entwickelt. Hinter dem Kopf Verdickung der Epidermis, Divertikeln am Darm vorhanden. Fundort: Wood's Holl."

Es war nicht zu verkennen, dass *elegans* grosse äussere Ähnlichkeit mit der von mir aufgestellten *Sagitta planctonis* besitzt. Ob beide Arten identisch sind, muss ich dahin gestellt sein lassen, da klare Abbildungen über *elegans* nicht vorhanden bezw. mir nicht zugänglich waren. Verschieden ist die Grösse und die Zahl der Greifhaken und Zähnchen. Vorläufig lasse ich die Identitätsfrage offen. Es mögen kurze Charakteristiken der von C o n a n t beschriebenen neuen Arten folgen:

Spadella schizoptera C o n a n t: lebt zwischen Algen, deren Farbe sie nachahmt. Tier undurchsichtig, gelblich-braun. Länge 4 mm, Breité ungewöhnlich gross im Verhältnis zur Länge. Schwanz und Rumpf gleich lang, 5 Flossen. Die vorderen reichen vom Bauchganglion bis zur Mündung der Eileiter, hintere Flossen von hier bis zu den Samenblasen, an ihrem hinteren Ende mit 4 lappenartigen Fortsätzen, deren Spitzen reichlich mit Klebzellen zum Anhaften versehen sind. 8 Greifhaken. Vordere Zähnchen 2—3, hintere keine. Geruchsorgan von dreieckiger Gestalt. Keine Divertikeln am Vorderdarm. Die Mündungen der Eileiter beiderseits mit einander verbunden. Schwanzsegment ohne accessorische Längssepten. Drüsenzellen dorsal auf den Seitenflossen und den ihnen benachbarten Körperteilen. Fundort: B i m i n i (B a h a m a-I n s e l n).

Sagitta hispida C o n a n t: Länge 7—11 mm, 5 Flossen. Schwanzsegment ⅓ der Totallänge. Greifhaken 8—9, vordere Zähnchen 4—5, hintere Zähnchen 8—14 oder 15. Geruchsorgan lang und schmal, von den Augen bis zum Bauchganglion reichend, Rand desselben gebuchtet. Vorderdarm mit 2 seitlichen Divertikeln. Schwanzsegment mit 2 unvollständigen, accessorischen Längssepten. Samenblasen mit einer Art Kappe (ähnlich *bipunctata* bei G r a s s i). Tasthügel besonders zahlreich und deutlich, in ca. 12 Längsreihen angeordnet, 1 Tasthügel auf dem hinteren Drittel der Mittelflosse, 6 auf der Schwanzflosse, in regelmässiger Anordnung. *Hispida* ähnelt *bipunctata* und *minima*. Fundort: B e a u f o r t (N o r d-C a r o l i n a).

Spadella maxima C o n a n t: Länge 52 mm, Breite 5 mm. 1 Paar seitliche Flossen, zu ⅓ auf dem Schwanz liegend (nach S t r o d t m a n n also zu *Krohnia* gehörig). Greifhaken 6. Vordere Zähnchen 3—5, hintere 5—7. Geruchsorgan scheint ähnlich dem von *hexaptera*. Keine Divertikeln. Muskeln schwach entwickelt, grosse Seitenfelder. Hinter dem Kopf Verdickung der E p i d e r m i s in mehreren Zelllagen. Fundort: nordatlandischer Ozean 42° 48' N. B. 50° 55' 30" W. L.

Sagitta flaccida Conant: Länge 13 -18 mm. Breite 1,25 mm. Schwanzsegment ca. ¹/₆ der Totallänge. 5 Paar Flossen. Greifhaken 8 oder 9. Vordere Zähnchen 7 oder 8, die inneren sehr viel länger als die äusseren, hintere 10—12. Geruchsorgan dicht am Kopf, unregelmässig oval. Ovarien kurz. Keine Divertikeln. Keine unvollständigen, accessorischen Längssepten im Schwanzsegment. Muskeln schwach entwickelt. Epidermis hinter dem Kopf nur schwach verdickt. Fundort: Bimini (Bahama-Inseln).

Sagitta tenuis Conant: Ähnelt sehr *hispida*. Grösste Länge 5,25 mm, Breite 0,2 mm. Schwanzsegment ca. ¹/₄ der Totallänge Greifhaken 7—8. Vordere Zähnchen 4—5, hintere 7—10. Gestalt der Flossen, der Greifhaken, des Geruchsorgans, der accessorischen Längssepten im Schwanzsegment, Zahl der Tasthügel und Körpermuskulatur wie bei *hispida*. Keine Divertikeln. Ovarien kurz. Nerven besonders gross und hervorragend. Fundort: Kingston (Jamaica).

II. Faunistischer Teil.

Was die Faunistik der Chaetognathen anbetrifft, so sind bis jetzt von einzelnen Forschern nur vereinzelte Fundorte festgestellt worden. Ausser der Bearbeitung des nordischen Materials der Plankton-Expedition durch Strodtmann liegt bis jetzt noch keine gründlichere quantitative und qualitative Untersuchung eines grösseren Meeresabschnittes auf Chaetognathen vor.

Von den Arten, die in der verdienstvollen Arbeit von Grassi[1]) beschrieben sind und deren Verbreitung sich auf das mittelländische Meer bezieht, habe ich folgende Arten auch in den von mir untersuchten Gebieten gefunden: *Sagitta hexaptera, bipunctata, enflata, serratodentata, Krohnia subtilis, Spadella draco.*

Für die einzelnen Arten sind bis jetzt folgende Fundorte (citiert nach Strodtmann) angegeben:

Sagitta hexaptera, d'Orb: Atlantischer Ozean: nordatlantischer Ozean (Levinsen, Strodtmann), Mittelmeer (Krohn [Messina], Grassi [Neapel]), Madeira (Langerhans), einzelne Stellen des südlichen atlantischen Ozeans, z. B. Nadelkap (Levinsen).
Indischer Ozean: Borneo (Levinsen).
Pacifischer Ozean: 44⁰ Br. 82⁰ w. von Paris (d'Orbigny).
Sagitta lyra, Krohn: Mittelmeer (Krohn, Grassi).
Sagitta tricuspidata. Kent: Atlantischer Ozean: mittlerer Teil, besonders Umgebung der Azoren, Mittelmeer, die Meere südlich vom Nadelkap (Levinsen).
Indischer Ozean: Südlich und westlich von Madagaskar, südlich von Hinterindien (Levinsen).
Pacifischer Ozean (Kent).

---

[1]) Grassi: Fauna und Flora des Golfes von Neapel. No. 5. Die Chaetognathen. 1883.

Sagitta magna, Langerhans: Atlantischer Ozean: Madeira (Langerhans), Mittelmeer (Grassi).

Sagitta bipunctata, Quoy et Gaimard: Atlantischer Ozean: nordatlantischer Teil (Levinsen, Strodtmann), Nordsee (Wilms), Küste von Norwegen (Sars), Kattegat (Möbius), Ostsee (Möbius), Manica (Forbes), Strasse von Gibraltar (Quoy et Gaimard), Mittelmeer (Krohn, Grassi), Azoren, Kap Verdische Inseln (Levinsen). Indischer Ozean: Östlich von Madagaskar (Levinsen), Rotes Meer (Strodtmann). Pacifischer Ozean: Südchinesisches Meer (Levinsen).

Sagitta serratodentata, Krohn: Mittelmeer (Krohn, Grassi). Atlantischer Ozean: Golfstrom, Irminger See, Labradorstrom, Floridastrom, Sargassosee (Strodtmann).

Sagitta enflata, Grassi: Mittelmeer (Grassi), Madeira (Grassi). Atlantischer Ozean: Floridastrom, Sargassosee (Strodtmann).

Sagitta minima, Grassi: Mittelmeer (Grassi).

Sagitta falcidens, Leidy: Atlantic City N. S. (Leidy).

Sagitta gracilis, Verrill: Atlantischer Ozean: Golfstr. (Verrill).

Sagitta elegans, Verrill: Atlantischer Ozean: Vineyard Sound (Verrill).

Krohnia hamata, Möbius: Nordatlantischer Ozean (Möbius, Strodtmann).

Krohnia subtilis, Grassi: Atlantischer Ozean: Irmingersee, Floridastrom, Sargassosee (Strodtmann), Mittelmeer (Grassi).

Spadella cephaloptera, Busch: Atlantischer Ozean: Orkney-Inseln (Busch), St. Vaast Normandie (Claparède), Scilly-Inseln (Lewes), Cette (Pagenstecher), Insel Batz (Giard), Mittelmeer (Hertwig [Messina], Grassi [Triest]).

Spadella Mariana, Lewes: Scilly-Inseln (Lewes).

Spadella pontica, Ulianin: Schwarzes Meer (Ulianin).

Spadella Marioni, Gourret: Mittelmeer (Gourret).

Spadella draco, Krohn: Atlantischer Ozean: Floridastrom, Sargassosee (Strodtmann), Mittelmeer (Krohn, Grassi), Madeira (Grassi), Canarische Inseln (Häckel nach Hartwig).

1. Die Vertikalnetzfänge der Plankton-Expedition aus dem Gebiet des Süd-Äquatorialstromes.

Um in ähnlicher Weise wie Strodtmann für den Norden des atlantischen Ozeans die Art und Weise der Verteilung der Chaetognathen zur Zeit der Plankton-Expedition auch für einen Teil des Warmwassergebietes gründlich zu untersuchen, bestimmte ich zunächst die Chaetognathen der 24 Vertikalfänge aus dem Süd-Äquatorialstrom. Als Vertikalnetz ist von Hensen ein grosses Netz bezeichnet worden, dass vor allem zum Fange etwas grösserer Organismen bestimmt war. Es wird verwendet, um über das Vorkommen von Lebewesen von einer bestimmten Tiefe bis zur Oberfläche des Wassers sich Orientierung zu verschaffen. Das Netz ist ähn'ich dem Hensen'schen Planktonnetz gebaut, unterscheidet sich aber von ihm dadurch, dass es den konischen Aufsatz nicht besitzt, dass das Netzzeug bedeutend gröber und die Öffnung grösser ist.

Wie mit dem Planktonnetz und dem Schliessnetz wurden auch mit dem sogenannten Vertikalnetz während der Expedition Vertikalzüge gemacht. Das Vertikalnetz wurde meist vom stillliegenden Schiff aus 400 m hinabgelassen und senkrecht zur Oberfläche emporgezogen. Es hatte an der Öffnung einen Durchmesser von 1,2 m, also 1,13 qm Fläche. Eine ausführliche Beschreibung findet sich in dem Werk von Hensen: »Methodik der Untersuchung« (Planktonwerk Bd. I B) S 67 und 101.

Die Durchsichtung des sehr grossen Materials — es wurden von mir 17 159 Individuen bestimmt — ergab, dass auf der Plankton-Expedition bei weitem am meisten Chaetognathen gefischt wurden.

In jedem der 24 Fänge waren die Chaetognathen reichlich vertreten. Ihre Gesammtzahl betrug 27 bis 2877. Betrachten wir die Kurve der Verteilung der Gesamtmenge — siehe Karte 1 und Tabelle 1 — so ersehen wir aus derselben, dass die reichsten Fänge im östlichen Teile des bezeichneten Stromgebietes gemacht wurden. In Fang S. 7 a[1]) stieg die Zahl bis 2877; im folgenden Fange war die Anzahl immerhin noch beträchtlich, machte aber doch nur die Hälfte des am Morgen gemachten Fanges aus, nämlich 1404. In

---

[1]) S. 7 a bedeutet Fangstation vom 7. September Vormittags; S. 14 b würde Station vom 14. September Nachmittags heissen.

S. 8a fällt die Verbreitungskurve bis 498, steigt dann wieder bis
917, um in S. 9a die ungefähre normale Höhe wieder zu erreichen.
Eine Erklärung dieses abweichenden Verhaltens der Verteilung,
gegenüber der sonst so überraschend grossen Gleichmässigkeit, ist
nach den Untersuchungen von Krümmel und Schütt darin zu
suchen, dass die Temperaturen einen niedrigeren Stand erreichten,
als im vorher durchfahrenen Stromgebiet. Beim Eintritt in den
Süd-Äquatorialstrom war die Oberflächen-Temperatur 26°, sinkt
aber bald bis 23,2° in S. 8b, also um 2,8°. Im weiteren Verlauf
der Kurve steigt die Temperatur wieder auf die alte Höhe. Nach
Krümmel[1] »zeigt die für den August geltende Isothermenkarte
des atlantischen Ozeans, dass im Herbst nördlich von Ascension
im Gebiet des Süd-Äquatorialstromes und mit diesem eine
Kältezunge in der Richtung von Südost nach Nordwest sich vor-
schiebt, die durch das Vordringen des aus dem Süden stammenden
kalten Wassers des Süd-Äquatorialstromes bedingt wird.« Diese
Kältezunge macht also ihren Einfluss auf die Menge des gefangenen
Materials geltend und zwar erhöht sie die Anzahl der Individuen.
Hervorzuheben ist, dass das Maximum der Sagitten-Verteilung
nicht mit dem Maximum der Volumenkurve der Fänge mit dem
Planktonnetz zusammenfällt. Letzteres befindet sich in 9a, —
in Station 7a und b steigt die Kurve allerdings auch über das
Normale hinaus — während ersteres Statt hat in Station 7a und
b. Bei dem Minimum der Volumenkurve in Station 8b erhalten
wir doch immerhin noch die Anzahl von 917 Individuen, die weit
über das Normale hinausgeht. Die Untersuchung ergab, dass die
Fänge hauptsächlich durch Diatomeen so ausserordentlich ver-
grössert wurden. Während auf Station S. 8a das Minimum der
Sagitten-Verteilung mit dem Minimum der Volumenkurve zusammenfällt, steht auf Station S. 9a einem Maximum der Volumenkurve ein Minimum der Kurve der Sagitten-Verteilung gegenüber. In letzterem Fall wurden nur 355 Individuen der Gattung
gefangen.

Direkt hinter Ascension wurde die Kältezunge verlassen
und nun findet man auf der ganzen weiteren Strecke im Süd-
Äquatorialstrom eine überaus grosse Gleichmässigkeit der

---

[1] Krümmel: Die Temperatur-Verteilung in den Ozeanen. Zeitschrift für
wissenschaftl. Geographie von Kettler. Bd. VI 1887 S. 7 Taf. 3 citiert nach
Schütt: Analytische Planktonstudien. Kiel 1892. Lipsius & Tischer. S. 68.

Verteilung. Während anfangs allerdings noch ein Rückgang der Individuenzahl zu konstatieren ist und zwar auf den Stationen S. 13 und S. 14 mit 27, 59 und 44 Individuen, ist von S. 15a bis zur Paramündung die ziemlich gleiche Anzahl der *Sagitten*, im Mittel ca. 250 zu verzeichnen. Die äussersten Extreme sind 140—360. Der Fang O. 8a bleibt unberücksichtigt, da er an der Para - mündung, also im Brackwasser, ausgeführt wurde. Derselbe Fang wird später näher besprochen werden.

Fasst man nun das Gesagte über die Gesamtmenge der Chaetognathen im Süd-Äquatorialstrom zusammen, so ergiebt sich, dass auffällige Veränderungen in der Verteilungskurve nur auf dem östlichen Teil des Stromgebietes und zwar nur dort, wo die sogenannte Kältezunge aus den südlicheren, kalten Strömungen vordringt, beobachtet wurden. Westlich von Ascension sind die Fänge reich an Arten und auffallend gleichmässig. Zu bemerken ist noch, dass nicht sämtliche Fänge aus der gleichen Tiefe stammen. Meistens wurde aus der Tiefe von 400 m gefischt. Nur 4 Fänge machen eine Ausnahme, nämlich S. 6a, S. 7b und S. 19a mit 500 Metern und S. 20a mit 600 Metern.

(Tabelle siehe Seite 22 und 23.)

Hier ist die Zahl etwas grösser, als sie bei 400 m wäre. Immerhin sind sämtliche Fänge vergleichbar, da die Zunahme der Anzahl in der Tiefe von 400 bis 600 m nur gering ist, wie die Untersuchungen mit dem Schliessnetz ergeben haben.

Im Stromgebiet kamen folgende Arten vor: *Sagitta hexaptera, enflata, serratodentata, Krohnia subtilis, Spadella draco,* die beiden neuen Arten *Sagitta planctonis* und *Sagitta furcata,* in zweiter Linie *Sagitta bipunctata.* Auch hier sind die Zahlen nicht so fest, da einesteils die Konservierung zuweilen zu wünschen übrig liess, andernteils die Individuen in einigen Fällen so klein waren, dass die Bestimmung sehr erschwert, wenn nicht unmöglich wurde. Ein genaueres Bild werden nur die Fänge mit dem eigentlichen Plank- tonnetz ergeben. Die Bestimmung der Arten war leicht, wenn diese in Pikrinschwefelsäure, Jodalkohol und Sublimat konserviert waren, in letzterem Fall nur dann, wenn der Fang ordentlich mit Wasser ausgewaschen war. War dies nicht der Fall gewesen, so waren die Tiere eigentümlich zerfasert und zersplittert, namentlich die Greifhaken maceriert und mit Sublimatkrystallen überzogen. Besonders bei Arten, wie z. B. *serratodentata,* wo es bei der Bestimmung gerade auf die Beschaffenheit der Haken ankommt, fanden sich diese Zersetzungen durch Sublimat. Doch liessen meist auch andere Merkmale, wie der ganze Habitus, die Samenblasen, die Art feststellen. Durch Maceration litten ebenso vielfach diejenigen Individuen, welche in einer Osmiumsäureverbindung konserviert waren. Hier waren es aber nicht die Greifhaken, sondern die Längsmuskeln, die das ganze Tier zerfaserten und sich leicht ablösten. So kommt es, dass in manchen Fängen unbestimmbare Individuen zu verzeichnen und die Zahlen der vorhandenen Sa-gittenarten nicht ganz genau sind.

In meiner Tabelle finden sich die einzelnen Arten aufgeführt und zwar ihre Anzahl, die dann in Prozente des Gesammtfanges der *Sagitten* auf der Station umgerechnet sind. An der Hand der Tabelle und Karte 1 soll jetzt versucht werden, ein Bild der Verteilung der Arten im genannten Stromgebiet zu erhalten.

Sagitta hexaptera d' Orb.

Diese Art kommt in allen von mir untersuchten Fängen der Planktonexpedition vor, wenn auch an Zahl hinter den meisten anderen Arten zurückstehend. Ihre absolut grösste Anzahl erreicht sie in dem grossen Fange S. 7a, wo 226 Individuen gefischt wurden. Prozentualisch ausgedrückt aber macht sie auf dieser Station nur 7,86% der Gesamtmenge der Chaetognathen aus. Ganz das Gegenteil findet man in dem an Sagitten armen Fange S. 13. Hier sind nur 15 Individuen, die aber 55,56% des ganzen Fanges ausmachen und die anderen Arten zusammen fast um die Hälfte an Zahl übertreffen. Auch in S. 7b findet man im Vergleich zu anderen Fängen ein Maximum der Verbreitung, wenn man die absolute Anzahl (148) ins Auge fasst; dagegen bildet sie nur 10,54% des ganzen Fanges. Noch einmal wird ein Maximum erreicht auf Station S. 9b mit 105 Individuen, in Prozenten ausgedrückt 28,23% des ganzen Fanges. Von nun an bleibt die Kurve eine ziemlich gleichmässige. Die absolute Anzahl schwankt zwischen 43 und 1 Individuum (S. 22a), doch mag auf letzter Station schon die Nähe der Küste von Einfluss sein. Hinter Ascension, d. h. von der Insel bis zur brasilianischen Küste sind nie mehr wie 14% der Art vertreten. *Sagitta hexaptera* gehört demnach in dem untersuchten Gebiet zu den häufigeren Arten, wenn sie auch nie einen überwiegenden Bestandteil bildet. (Mit Ausnahme von S. 13).

Die Vertikalnetzfänge der Plankton-Expedition

Tabelle

Stationen:	S. 6a	S. 6b	S. 7a	S. 7b	S. 8a	S. 8b	S. 9a	S. 9b	S. 10a	S. 13	S. 44
Journalnummern:	(177)	(180)	(182)	(184)	(186)	(188)	(190)	(194)	(195)	(203)	(204)
Tiefe:	500 m	400 m	400 m	500 m	400 m	400 m	400 m	400 m	400 m	400 m	400 m
Tempe- ratur { Oberfläche	26°	25,4°	23,4°	23,4°	23,3°	23,2°	23,6°	24,4°	24,1°	24,0°	24,8°
Tiefe . . .	7,3°	9,5°	?	?	9,6°	8,7°	9,0°	9,0°	8,3°	8,9°	8,5°
	%	%	%	%	%	%	%	%	%	%	%
Sagitta hexaptera . .	19,25 / 41	1,75 / 15	7,86 / 226	10,54 / 148	5,82 / 29	3,60 / 33	11,55 / 41	28,23 / 105	9,95 / 43	55,56 / 15	8,47 / 5
Sagitta enflata . .	31,46 / 67	36,20 / 311	55,89 / 1608	56,84 / 798	9,24 / 46	4,25 / 39	9,38 / 12	6,18 / 23	4,17 / 18	— / 0	16,95 / 10
Sag. serratodentata	10,33 / 22	44,12 / 379	22,84 / 657	17,02 / 239	54,42 / 271	76,23 / 699	31,27 / 111	33,33 / 124	25,23 / 109	11,11 / 3	50,85 / 30
Spadella draco . .	23,00 / 49	10,01 / 86	11,64 / 335	14,89 / 209	18,27 / 91	6,87 / 63	33,24 / 48	30,12 / 112	50,93 / 220	22,22 / 6	1,70 / 1
Krohnia subtilis . .	7,98 / 17	5,24 / 45	1,39 / 40	0,43 / 6	1,20 / 6	1,42 / 13	6,76 / 24	0,81 / 3	2,78 / 12	3,70 / 1	1,70 / 1
Sagitta furcata . .	4,23 / 9	0,12 / 1	— / 0	— / 0	9,44 / 47	5,89 / 54	8,17 / 29	0,27 / 1	4,86 / 21	— / 0	16,95 / 10
Sagitta bipunctata .	— / 0	0,58 / 5	0,14 / 4	0,07 / 1	— / 0	— / 0	— / 0	— / 0	1,39 / 6	— / 0	— / 0
Sagitta planctonis .	2,82 / 6	1,40 / 12	0,21 / 6	0,11 / 2	1,61 / 8	1,42 / 13	1,69 / 6	0,27 / 1	— / 0	— / 0	
Sagitta hexaptera (?)	0,47 / 1	— / 0	0,03 / 1	— / 0	— / 0	0,22 / 2	0,85 / 3	— / 0	— / 0	— / 0	
Sagitta bipunctata (?)	— / 0	— / 0	— / 0	0,07 / 1	— / 0	— / 0	— / 0	— / 0	0,69 / 3	7,41 / 2	
Sagitta (?)	0,47 / 1	0,58 / 5	— / 0	— / 0	— / 0	0,11 / 1	3,10 / 11	0,81 / 3	— / 0	— / 0	
Gesammtzahl d. Sag.	213	859	2877	1404	498	917	355	372	432	27	59

aus dem Gebiete des Südäquatorialstromes.

No. 1.

S. 14b (206)	S. 15a (207)	S. 16a (209)	S. 16b (213)	S. 17a (216)	S. 18a (218)	S 19a (223)	S. 20a (228)	S. 20b ,231)	S. 21 (232)	S. 22a (235)	O. 8a (243)	O. 9 (246)
400 m	400 m	400 m	400 m	400 m	400 m	500 m	600 m	400 m	400 m	400 m	13 m	400 m
25,0° 8,4°	24,5° 8,4°	25,2° 7,7°	25,8° 8,0°	25,5° ?	26,3° ?	26,4° 7,4°	26,6° 5,1°	26,7° 8,2°	27,1° 10,2°	26,9° 11.7°	28,0° ?	26,7° ?
°/o	°/o	°/o	°/o	°/o	°/o	°/o	°/o	°/o	°/o	°/o	°/o	°/o
9,09 4	8,80 25	4 56 12	8,71 23	14,23 34	9,44 34	8,88 23	9,29 13	2,83 7	8,87 22	0,45 1	— 0	2,10 . 3
— 0	3,87 11	22,43 59	53.03 140	8,37 20	17.78 64	52,12 135	55,00 77	59,52 147	29,84 74	56,56 125	— 0	72,03 103
65 91 29	67,61 192	61,22 161	15 53 41	30,96 74	29.17 105	11,97 31	4.29 6	7,29 18	48,39 120	27,15 60	— 0	16,78 24
— 0	11,97 31	10,65 28	15,91 42	40,59 97	41,94 151	15,83 41	15,00 21	16,20 40	8,87 22	0,45 1	— 0	— 0
— 0	1,41 4	0,38 1	2,65 7	0,12 1	1,11 4	3,09 8	3,57 5	2,83 7	2 42 6	0,45 1	— 0	0,70 1
20,45 9	3,87 11	0,76 2	1,52 4	3,35 8	— 0	5,02 13	4,29 6	2,83 7	— 0	8,60 19	— 0	4,90 7
— 0	— 0	— 0	— 0	— 0	— 0	0,77 2	— 0	3,64 9	— 0	5,89 13	91,30 21	— 0
— 0	— 0	— 0	— 0	2,09 5	— 0	— 0	— 0	— 0	— 0	— 0	— 0	— 0
0 4,55 2	0 — 0	0 — 0	0 2,65 7	0 — 0	0 — 0	0 2,32 6	0 8,57 12	0 4,86 12	0 1,61 4	0 0,45 1	0 8,70 2	0 3,50 5
— 0	2,47 7	— 0	— 0	— 0	0,56 2	— 0	— 0	— 0	— 0	— 0	— 0	— 0
44	284	263	264	239	360	259	140	247	248	221	23	143

Sie scheint im Brackwasser nicht vorzukommen, ebenso wie die anderen pelagischen Arten; denn im Fange O. 8a war ausschliesslich *Sagitta bipunctata* vertreten. Was die Grösse der Individuen anbetrifft, so wurden prachtvolle Exemplare auf Station S. 7b gefischt. Auf den meisten Stationen erreichten die Tiere eine mittlere Grösse. (Hierzu Karte 1.)

Sagitta enflata Grassi,

ein Bewohner des wärmeren Wassers, ist eine der Hauptvertreter im untersuchten Stromgebiet. Sie fehlte nur auf den Stationen S. 13 und S. 14b. Auch bei dieser Art hat eine kolossale Ansammlung statt im östlichen Teil des Süd-Äquatorialstromes und zwar auf der Grenze vom Guineastrom, auf Station S. 7a und b. Über die Hälfte (55,89 % und 56,84 %) der Gesammtsagittenmenge wird hier von *Sagitta enflata* gebildet (mit 1608 und 798 Individuen). Im weiteren Verlauf der Fahrt fällt die Verbreitungskurve sehr rasch. Das kältere Wasser macht seinen Einfluss geltend; denn nur so ist der Unterschied in der Anzahl, wie prozentualisch ausgedrückt, zu erklären. Höchstens 10 % macht bis Ascension die Art im Fange aus und 46 ist die grösste Anzahl. Erst westlich von Ascension tritt eine grössere Gleichmässigkeit ein, wenn auch anfangs die Kurve nur langsam steigt. In 6 Fängen sind über 50 % dieser Art vorhanden, ja auf Station S. 20b findet man 59,52 % und auf O. 9 sogar 72,03 %. Auf letzter Station war eine Oberflächentemperatur von 28°. Diese Thatsache weist ebenso wie das Verhalten in der Kältezunge darauf hin, dass wärmeres Wasser der Art günstiger ist, als kälteres. Von S. 16b waren im Mittel 100 Individuen vertreten.

Die Bestimmung der Art war leicht, da sie schon durch ihr plumpes Aussehen auffiel und andrerseits stets auf der Oberfläche der Konservierungsflüssigkeit schwamm, so dass sie leicht von den übrigen Arten abgetrennt werden konnte. Es waren meist schöne, ausgewachsene Tiere vorhanden. Nur in den grossen Fängen (S. 7a und b) fanden sich eine grosse Zahl junger Individuen. Doch war hier die Untersuchung etwas erschwert, da die Exemplare durch Diatomeenfäden oft so miteinander verklebt und verknäuelt waren, dass sie nur mit grosser Vorsicht von einander getrennt werden konnten. (Hierzu Karte 1.)

Sagitta serratodentata Krohn.

Eine weitere spezifische Art der wärmeren Ströme ist *Sagitta serratodentata*. Sie ist in jedem Fange vertreten und macht auf manchen Stationen den vorwiegenden Bestandteil aus. Aus der Kurve, die die Verteilung dieser Art graphisch darstellt, und der Tabelle ergiebt sich zunächst, dass wiederum der östliche Teil des Stromgebietes ein grosses Ansammlungscentrum ist. Wieder sind es die Stationen S. 7a und weiter S. 8b, die eine grosse Anzahl von Exemplaren lieferten (657 resp. 699 Individuen). Im Vergleich zu der Zahl der übrigen Arten im Fange steht allerdings S. 7a zurück; denn hier bildet *serratodentata* nur 22,84 %, während in S. 8b ³/₄ des Fanges von der Art ist (76,23 °/o). Aus der Kurve ersieht man, dass hier die Verteilung grösseren Schwankungen unterlegen ist, als es bei anderen Arten der Fall ist. Auch die westliche Strecke weist Schwankungen auf, wie sie bei anderen Arten nicht so sehr hervortreten. Auf dieser Strecke sind Maxima und Minima der Kurve reichlich vorhanden. Die Kurve des Prozentgehaltes würde noch weit mehr Unregelmässigkeiten zeigen, als es bei der Kurve der absoluten Anzahl der Fall ist. Die kleinsten Fänge waren auf Station S. 13 mit 3 und auf Station S. 20 mit 6 Exemplaren. Es ist merkwürdig, dass, wo viele *serratodentata* wenige *enflata* vorhanden sind. Man vergleiche die Prozentzahlen. Die beiden Arten scheinen sich hiernach gegenseitig zu ergänzen. Besonders charakteristisch sind folgende Fänge:

S. 7b. 56,84 % *enflata*
17,02 % *serratodentata.*

S. 8a. 9,24 % *enflata*
54,42 % *serratodentata.*

S. 8b. 4,25 % *enflata*
76,23 °/o *serratodentata.*

O. 9. 72,03 % *enflata*
16,78 % *serratodentata.*

Die anderen Fänge weisen ein ähnliches gegenseitiges Verhältnis auf. Vergleicht man noch die Kurve mit der Volumenkurve der Planktonfänge, so findet man, dass keineswegs die Maxima auf Station S. 9a zusammenfallen, dass vielmehr die Sagitten der vorliegenden Art nnr etwa ¹/₃ des ganzen Fanges ausmachen, während ihre Maxima sonst über 50 °/o liegen.

Zu bemerken ist noch, dass diese Art als wohl am besten konserviert bezeichnet werden darf. Abgesehen von den oben angeführten einzelnen Fällen waren die Exemplare tadellos; die geschlechtsreifen Tiere zeichneten sich durch ihre grossen Samenblasen aus und charakterisierten sich durch dies typische Merkmal ausserordentlich leicht. Ebenso half ihr straffes Aussehen die Bestimmung erleichtern. (Hierzu Karte 1).

Spadella draco Krohn.

Spadella draco, nach den bisherigen Untersuchungen eine nur wärmeren Meeren angehörende Art, war im Süd-Äquatorialstrom recht häufig. In manchen Fängen bildete sie sogar einen recht wesentlichen Bestandteil. Die konstruierte Kurve sieht folgendermassen aus. Die Art hat zwei Ansammlungscentren. Das erste fällt vor Ascension und das zweite bei S. 17a und S. 18a (mit 97 und 151 Individuen), (40,59 % und 41,94 %). Vor Ascension sind besonders interessant die Fänge S. 7a und b mit 335 und 209 Tieren, aber mit nur 11,64 % und 14,89 % der Sagitten des Fanges und die Station S. 10a mit 220 Exemplaren, die über die Hälfte des Fanges ausmachen (50,93 %). Meistens waren von *draco* 10—20 % vorhanden. Zurück stehen nur einige wenige Fänge, S. 14a mit nur 1 Exemplar (1,70 %), und im folgenden war nicht ein einziges Individuum. Beachtenswert ist, dass die Kurve von S. 18a bis zur Paramündung beständig fällt. Nacheinander findet man 41,94 %, 15,83 %, 15 %, 16%, 8,87 % und 0,45 %. Je näher man dem Lande kam, desto geringer wurde die Prozentzahl der Art, bis sie vor Para gleich Null wurde. Auf Station O 9 fehlt *draco* ebenfalls. Wahrscheinlich ist auch hier die Nähe des Landes von Einfluss. Aus diesen Betrachtungen ergiebt sich, dass auch *Spadella draco* den pelagischen Arten zuzuzählen und eine typische Art des Südens ist. Im Norden fehlt sie vollständig, wie Strodtmann nachgewiesen hat. Sie tritt zuerst im Floridastrom auf und zwar in Temperaturen über 23°, ist anfangs noch eine der selteneren Arten und erreicht ihr Hauptverbreitungsgebiet in den Tropen, wo sie stets einen integrierenden Bestandteil der Fänge bildet. Während in der Sargassosee die Exemplare noch verhältnismässig klein waren, erreichten sie im Süd-Äquatorialstrom ihre ansehnlichste Länge. Die Grösse betrug durchweg 1,5—2 cm. Schon mit dem blossen Auge waren die zierlichen Tierchen zu erkennen an der seitlichen Epidermiserweiterung, wie an den kugelig vorspringenden in diesen Erweiterungen liegenden Mündungen der Eileiter, die den Körper in zwei Hälften teilen. An nur verhältnismässig wenigen Exemplaren war die Verdickung der Epidermis stark lädiert. Jedenfalls war *draco* die makroskopisch am leichtesten zu erkennende Art. (Hierzu Karte 1).

Krohnia subtilis Grassi.

Wie *Spadella draco*, so ist auch *Krohnia subtilis* eine für den Süden typische Art; denn sie fehlt in fast keinem Fang. Bemerkenswert ist, dass sie an Zahl bei Weitem hinter den anderen Arten zurücksteht, nie einen wesentlichen Bestandteil eines Fanges ausmacht und daher wohl mit Recht in dieser Beziehung als eine seltene Species zu bezeichnen ist. Ein gänzliches Fehlen wurde uur in S. 14b konstatiert. Das Fehlen der Art in Station O. 9) lässt vermuten, dass auch hier die Nähe des Landes von Einfluss ist; denn *Krohnia subtilis* ist eine rein pelagische Art.

Die Betrachtung eines Fanges liess schon äusserlich die Species als *subtilis* vermuten; immer aber war eine mikroskopische, genaue Untersuchung nötig, um die Art sicher zu bestimmen, namentlich bei jungen Individuen. Da die Tiere im Leben ein ziemlich schlaffes Aussehen besitzen, so waren sie durch die Konservierungsmethoden fast durchweg gekrümmt und unansehnlich, was in anderen Arten lange nicht in dem Masse der Fall war. Die höchste Anzahl der auf einer Station gefangenen Tiere betrug 45 und 40, nämlich in den Fängen S. 6b und S. 7a mit 5,24 % und 1,39 %. Man sieht, dass sie trotz der relativ grossen Anzahl doch nur einen ganz geringen Prozentsatz des Fanges ausmachten. Noch einmal treten sie etwas hervor auf Station S. 9a mit 24 Individuen und 6,76 % des Fanges. Die genannten Stationen sind die einzigen, wo *subtilis* in der Verteilungskurve etwas hervortritt. Von Ascension bis zur Paramündung bleibt die Kurve konstant. Die Zahl schwankt zwischen 1 und 8 Exemplaren. Die höchste Prozentzahl ist 3,57 % (S. 20a), die niedrigste 0,38 % (S. 16a). Wir ersehen also auch hieraus die ausserordentliche Gleichmässigkeit. Um die Veranschaulichung der Kurve etwas deutlicher zu machen, habe ich für die Länge der Ordinaten nicht $\frac{1}{20}$ mm, sondern $\frac{1}{10}$ mm für jedes Tier genommen. Die Fläche zwischen der Kurve und der

Abscisse darf also nicht mit der der vorher behandelten Arten verglichen werden. Dasselbe gilt von der folgenden Art. (Hierzu Karte 1).

Sagitta furcata nov. spec.

Auch sie gehört zu den selteneren Arten, wenngleich auch etwas häufiger vorkommend, als *subtilis*. Der Prozentgehalt schwankt zwischen 0,12 % und 20,45 %. Die höchste Zahl der in einem Fange befindlichen Individuen war 54 (S. 8 b). Wir haben hier also ein Maximum der Verteilung. Auf 5 Stationen (S. 7a und b, S. 13, S. 18a, S. 21) fehlt *Sagitta furcata* vollkommen. Es ist auffallend, dass sie gerade in den Fängen S. 7 a und b fehlt, die doch für andere Arten besonders charakteristisch sind. Im Durchschnitt (abgesehen von S. 14) sind 5 % der Art in jedem Fang enthalten. Ich habe dieselbe schon bei der Untersuchung des Materials aus der Sargassosee gefunden, doch war sie hier noch seltener als im vorliegenden Stromgebiet. Im Norden fehlte sie vollständig. (Hierzu Karte 1.)

Sagitta bipunctata (Quoy et Gaimard).

Sagitta bipunctata ist keine rein pelagische Form, ihr Vorkommen beschränkt sich auf die Küsten. Wenn sie trotzdem auf hoher See vereinzelt angetroffen wurde, so ist dies wohl dadurch zu erklären, dass sie mit der Strömung so weit vom Lande abgetrieben ist. Den Beweis hierfür ergiebt die Betrachtung der Tabelle. Im östlichen Teil des Süd-Äquatorialstromes fehlt sie in 5 Fängen und auf den übrigen Stationen bildet sie einen ganz minimalen Bestandteil des Fanges. Nacheinander sind 5, 4, 1 und 6 Exemplare zu verzeichnen; das macht 0,58, 0,14, 0,07, 1,39 % des ganzen Sagittenfanges. Im westlichen Gebiet des Stromes fehlt sie gar in 10 Fängen. Erst auf Station S. 19a wurden zwei Individuen (0,77 %) gefangen und von nun an, merkwürdigerweise mit Überspringung je einer Station, wo *bipunctata* nicht vorkam, wird sie häufiger; denn man findet die Zunahme auf 9 (3,64 %), 13 (5,89 %) und 21 (91,30 %) Individuen. Der letzte Fang war am 8. Oktober im Brackwasser der Paramündung. Alle andern Arten fehlten hier; nur *Sagitta bipunctata* war vorhanden. 2 Exemplare waren unbestimmbar, aber anzunehmen ist, dass auch sie der Art angehören, sodass man dann 100 % erhält. Ich habe leider nur diesen einen Fang der Paramündung untersucht, sodass eine

Vergleichung der 7 hier gemachten Fänge nicht möglich ist. Doch wird hierüber die spätere Untersuchung Aufschluss geben, vornehmlich wenn die Planktonzüge mit berücksichtigt werden. Zu bemerken ist, dass O. 8a aus einer Tiefe von 13 m stammt bei einem Salzgehalt von nur 11,7 %oo und einer Temperatur von 28°, ein Beleg dafür, dass *bipunctata* grössere Schwankungen des Salzgehaltes und der Temperatur sehr wohl erträgt und daher wohl mit Recht ein Kosmopolit genannt werden kann, wie dies ja auch Untersuchungen früherer Forscher vollauf bestätigt haben.

Sagitta planctonis nov. spec.

Das Hauptverbreitungsgebiet dieser Art in dem untersuchten Gebiet liegt auf der Strecke von der Grenze des Guineastromes bis nach Ascension und zwar im Gebiet der sogenannten Kältezunge. Die Thatsache, dass die Art hier vorkommt und nicht im westlichen Gebiet des Süd-Äquatorialstromes, legt die Vermutung nahe, dass die Art mit dem kälteren antarktischen Wasser in die niedrigeren Breiten getrieben ist. Sie ist nur in den ersten 8 Fängen enthalten mit höchstens 13 Exemplaren und macht nie mehr als 3 % der Gesammtmenge der Chaetognathen aus (S. 6a). Das Mittel ist 0,6 %. Ganz vereinzelt steht Fang S. 17a da mit 5 Individuen (2,09 %), die wahrscheinlich durch die Strömung so weit verschlagen sind. Wir sehen also, dass *Sagitta planctonis* in nur geringer Menge vorkommt und stets einen unwesentlichen Bestandteil der Gesammtmenge ausmacht. (Hierzu Karte 1.)

2. Sämmtliche Schliessnetzfänge der Plankton-Expedition.

Die Aufgabe des Schliessnetzes ist es, Aufschluss zu geben über das Vorkommen von Lebewesen in ganz bestimmten Tiefen des Meeres, ohne dass Beimengungen aus andern Tiefen oder namentlich von der Oberfläche dem Fange zugeführt werden. Zu diesem Zweck wird das Netz bis zur gewünschten Tiefe geschlossen ins Wasser hinabgelassen, dort durch besondere Vorkehrungen geöffnet und in diesem Zustand eine gewisse Strecke — während der Plankton-Expedition stets 200 m — senkrecht aufgezogen. Durch eine zweite Einrichtung wird das Netz wieder geschlossen und so aus der Tiefe gezogen. Auf diese Weise kann man das Vorkommen von Organismen in bestimmten Tiefen mit völliger

Sicherheit konstatieren. Die Form des Netzes ist die des Vertikal-
netzes, nur dass der Ring, an dem das Netz befestigt ist, nicht aus
einem Stück, sondern aus zwei Bügeln besteht, die durch Charniere
gegen einander beweglich sind. Durch diese Einrichtung können
die Bügel zu- und aufklappen und so das Schliessen und Öffnen
des Netzes bewerkstelligen. Die Öffnung hat einen Durchmesser
von 48 cm oder eine Fläche von 1809,56 qcm. Im Übrigen verweise ich auch hier auf die eingehende Beschreibung Hensens
(l. c. pg. 103).

Schliessnetzzüge wurden auf der Strecke bis Ascension in
ziemlich regelmässigen Abständen von einander gemacht. Von da
ab sind nur 3 solcher Fänge zu verzeichnen. Es wurden im Ganzen
41 Netzzüge ausgeführt, von denen ich aber nur einen Teil verwerten kann. In 15 Fängen fehlten Chaetognathen. Diese
Fänge verteilen sich auf die ganze Strecke. Bei 7 Netzzügen
funktionierte das Schliessnetz nicht tadellos. Es war nicht scharf
eingeschnappt oder kam gar mit geöffnetem halben Bügel an die
Oberfläche. So bleiben nur 19 Fänge, die ich zu besprechen habe.
Die Tiefen, aus denen gefischt wurde, sind ver-chiedenster Art.
Stets wurde das Netz nur 200 m in der Tiefe geöffnet nach auf-
wärts gezogen. Die tiefste Stelle war 1500 m, aus der noch
Sagitten befördert wurden. Darüber hinaus nach abwärts hörte
die Verbreitung der Chaetognathen auf. Es wurden tiefer als
1500 m 6 Fänge ausgeführt, deren tiefster 3450 m ist, und in keinem
derselben befanden sich Sagitten. 1500 m scheint demnach die
unterste Grenze für das Vorkommen derselben zu sein. Das Material
liess recht zu wünschen übrig. Es handelte sich ausschliesslich um
kleine Tiere, die meistens nicht einmal die Länge eines Centimeters
erreichten und die in Folge ihrer Kleinheit recht sehr von der
Conservierungsflüssigkeit angegriffen waren. Daher konnte eine
verhältnismässig grosse Anzahl von Exemplaren, wie die Tabelle
zeigt, entweder gar nicht oder nicht mit Sicherheit bestimmt
werden. Ich verweise auf Karte 1, in der die Route der
Plankton-Expedition eingetragen ist und auf der ich, mit Ausnahme des Südäquatorialstromes, die Stellen bezeichnet habe,
wo Schliessnetzzüge stattfanden. Wenn auch die Menge eines
Schliessnetzfanges nicht direct mit der eines Vertikalfanges oder
eines Horinzontalfanges vergleichbar ist, da die Netzcoefficienten
verschieden sind, so erkennt man doch soviel aus dem Vergleich

derselben, dass die Tiere in höheren Wasserschichten und besonders
an der Oberfläche häufiger sind, als in bedeutenderen Tiefen. Es
ist dies schon eine Bestätigung früherer Erfahrungen. Man betrachte
die Fänge S. 6 b und S. 10 a, die beide aus einer Tiefe von 400 m
stammen und die an denselben Stellen gemachten Schliessnetzfänge,
die aus 700 und 800 m herrühren.

S. 6 b. Vertikalnetz 400—0 m 859 Individuen, Schliessnetz 700—500 m 3 Individuen.
S. 10 a. „ 400—0 m 432 „ „ 800—600 m 3 „

(Tabelle 2 siehe Seite 32 und 33.)

Man sieht hieraus, wie kolossal die Anzahl abgenommen hat.
Aus dem mir Vorliegenden kann ich zu meinem Bedauern keine
weiteren Beispiele bathymetrischer Messungen anführen. Diese
werden erst möglich sein, wenn das gesammte Sagittenmaterial
der Plankton-Expedition bearbeitet ist. An dieser Stelle will
ich nur auf solche Messungen in der Strodtmann'schen Arbeit
hinweisen (l. c. S. 15 und 37).

Über das Tiefenvorkommen von Chaetognathen berichtet
auch Brandt in dem Aufsatz: Über die biologischen Untersuchungen
der Plankton-Expedition (Verhandl. d. Gesellsch. f. Erdk. zu
Berlin. 1889. Heft 10).

Von den Arten, welche sich in den Fängen fanden, will ich
zunächst *Sagitta serratodentata* und *Spadella draco* besprechen und
auf das Tiefenvorkommen von *Sagitta enflata* eingehen. *Sagitta
enflata* fehlt gänzlich, auch in Fang A. 3a (Floridastrom), der
aus einer Tiefe von 200 m stammt. Erwiesen ist, dass *enflata* im
Floridastrom in einem Vertikalfang vorkam, der aus einer Tiefe
von 400 m stammte (A. 4a, Strodtmann). Nach meinem Befunde
scheinen die Tiere nicht so tief zu gehen, da sie schon bei 200 m
nicht gefischt wurden. Sie werden daher in dem erwähnten
400 Meterzug wohl aus einer höheren Wasserschicht stammen.
Als sicher aber kann wohl die Thatsache hingestellt werden, dass
Sagitta enflata ein Tier ist, das seine Verbreitung in den höheren
Wasserschichten, wenn nicht gar nur an der Oberfläche hat. Dasselbe gilt von *Sagitta serratodentata* und *Spadella draco*, die auch nur
in dem genannten Fange A. 3a vorkamen. Dieser Fang ist auch
der einzige, bei dem das Netz bis zur Oberfläche gezogen wurde.
Alle übrigen sind aus grösseren Tiefen als 200 m.

Schliessnetzfänge der
Tabelle

Stationen: Journalnummern:	J. 22a (10)	A. 3a (48)	A. 4a (53)	A. 11a (65)	A. 12 (69)	A. 17a (92)	A. 17b (96)	A. 19a (105)	A. 2b (112
Tiefe m:	800 bis 1000	0 bis 200	300 bis 500	500 bis 700	900 bis 1100	450 bis 650	650 bis 850	1300 bis 1500	800 ... 100?
Temperatur { Oberfläche	11,6°	25,4°	27,6°	27,2°	26,7°	26,2° 13° 650 m	26,1° 9,4° 850 m	25,5° 5,2° 1500 m	25,4 8,4° 1000...
Tiefe .. {	?	?	?	?	?				
Sagitta hexaptera .	—	6	2	—	—	1	—	—	—
Sagitta hexaptera ?	—	7	1	—	—	—	—	—	1
Sagitta furcata . . .	--	—	—	4	--	-	—		1
Sagitta bipunctata .	—	9	4	1	--	7	2	—	--
Sag. bipunctata ?.	—	16	—	3	—	2	—	—	--
Sagitta enflata . . .	—	—	—	—	—	—	—	—	—
Sag. serratodentata	—	9	—	—	—	—	—	—	—
Sg. serratodentata?	—	—	—	—	—	—	—	—	—
Krohnia subtilis . .	—	8	1	2	--	—	2	—	—
Krohnia hamata . .	3	—	1	—	2	—	—	1	—
Spadella draco . .	--	5	--	--	-	--	--		
Unbestimmbar . . .	1	23	1	3	5	1	1	—	1
Strömungen	7 Irminger See	88 Floridastrom	10	13	7	11	5	1	3
				Sargasso - See					

Plankton-Expedition.

No. 2.

A. 23b (128)	A. 25b (134b)	S. 3a (154)	S. 4a (160)	S. 4b (165)	S. 5a (168)	S. 5a (170)	S. 6b (181)	S. 10a (198)	S. 18b (220)
400 bis 600	200 bis 400	800 bis 1000	1000 bis 1200	200 bis 400	450 bis 650	700 bis 900	500 bis 700	600 bis 800	600 bis 800
24,2°	24,5°	26,5°	26,7°	26,4°	26,3°	26,3°	25,4°	24,1°	26,4°
15,5°	16°	5,2°	4,7°	9,7°	6°	4,5°	5,5°	4,3°	?
400 m	400 m	1000 m	1200 m	400 m	650 m	900 m	700 m	800 m	
—	—	1	—	5	—	—	—	—	—
—	—	1	—	—	—	1	—	—	—
—	—	—	—	—	—	—	—	—	—
—	2	—	—	1	—	—	—	—	—
—	—	—	—	—	1	—	—	1	—
—	—	—	—	—	—	—	—	—	—
—	—	—	—	—	—	—	—	—	—
—	—	—	—	—	—	—	—	—	—
2	—	—	—	2	—	—	—	—	—
—	—	1	1	—	—	1	—	1	1
—	—	—	—	—	—	—	—	—	—
—	—	—	5	15	—	—	3	1	2
2	2	3	6	23	1	2	3	3	3

Nordäquatorialstrom — Guineastrom — Südäquatorialstrom

Sagitta hexaptera d'Orb.

war in 5 Fängen vorhanden. Besonders interessant sind die Stationen A. 17a und S. 3a (Sargassosee, Guineastrom), auf denen noch aus einer Tiefe von 650 resp. 1000 m je ein Exemplar gefischt wurde. Sagitta hexaptera ist deshalb nicht den rein oberflächlichen Tieren zuzuzählen, wenn auch natürlich die oberen Wasserschichten und die Oberfläche das Hauptverbreitungsgebiet der Art ist.

Sagitta bipunctata Quoy et Gaimard.

Auch diese Art ist in grösserer Tiefe nur in recht spärlicher Anzahl vorhanden. 650 m ergaben 7 Exemplare (A. 17a), 700 m nur noch 1 Exemplar (beide Fänge aus dem Sargassosee). In noch grösseren Tiefen fehlte bipunctata. Es ist aber nicht ausgeschlossen, dass unter den unbestimmbar gewesenen Exemplaren Individuen vorhanden waren, die der Art angehörten. Es würden dann möglicherweise noch tiefere Fundortsstellen sich auffinden lassen.

Krohnia subtilis Grassi

ist in der Tiefe noch ziemlich gleichmässig vorhanden. 400 m (Nord-Äquatorialstrom), 500 m (Sargassosee), 600 m (Sargassosee) ergaben die gleiche Anzahl, je 2 Exemplare. Da die Bestimmung der Art leicht und sicher war, so glaube ich nicht, dass unter den unbestimmbaren Exemplaren noch Krohnia subtilis sich befindet. Das Vorkommen der Art in der Tiefe wäre demnach auf 650 m beschränkt.

Sagitta furcata nov. spec.

fand sich nur zwei Mal und zwar in ziemlich bedeutenden Tiefen, in der Sargassosee (A. 11a) aus einer Tiefe von 500 m und Station A. 20a aus einer solchen von 800 m.

Krohnia hamata (Möbius)

war eine der am zahlreichsten vertretenen Arten in den Schliessnetzfängen. Ich fand nur Jugendformen, die sich ja durch die eigentümliche Bezahnung der Greifhaken auszeichnen. Krohnia hamata ist eine nordische Art und so muss es höchst auffallen, wenn sie plötzlich in wärmeren Gewässern, ja sogar in den Tropen gefunden wird. Der Vergleich der Temperaturen ergiebt denn auch, dass die Tiere sehr wohl im Tiefenwasser der tropischen Ströme leben können. Betrachtet man die Tabelle 2, so erkennt man, dass die erwähnten Tiefentemperaturen nie über 5,2 ° betrugen. Dieser Fall, dass Oberflächentiere des Nordens im tieferen Wasser der wärmeren und warmen Zone vorkommen, steht nicht vereinzelt da. Dahl hat in einer kleinen Abhandlung über die Verbreitung freischwimmender Tiere im Ozean schon auf diesen Punkt hingewiesen, da er ganz ähnliche Verhältnisse bei Copepoden gefunden hat. Er sagt in Bezug auf vorliegenden Fall für das Vorkommen solcher nordischen Arten in Tiefen der Sargassosee: „Man wird wohl annehmen müssen, dass der kalte Labradorstrom vor dem Floridastrom in die Tiefe taucht." Und ganz ähnlich wird es wohl für den Süd-Äquatorialstrom sein, der diese Tiefentiere aus dem kalten, antarktischen Strom, vielleicht sogar aus den nordischen Gewässern erhält. Es waren stets junge Tiere von *hamata*. Möglich wäre ja auch der Fall, dass diese Individuen den weiten Weg nicht lebend, sondern tot zurückgelegt hätten. Doch halte ich dies für unwahrscheinlich, da die Maceration sicherlich dann schon recht fortgeschritten sein musste, als man die Tiere fing. Das war aber nicht der Fall.

Von den 9 Fängen stammt einer aus der Irmingersee — das Vorkommen der Art in diesem Gebiet kann nicht Wunder nehmen, da dasselbe ja zum eigentlichen Verbreitungsgebiete gehört — einer aus dem Floridastrom, 2 aus der Sargassosee, 3 aus dem Guineastrom und 2 aus dem Süd-Äquatorialstrom. Die Tiefe, aus der gefischt wurde, schwankt zwischen 600 und 1300 m. Im Fang war stets nur 1 Exemplar vorhanden, mit Ausnahme von A. 12 (Sargassosee), wo 2 Individuen gefangen wurden. Station S. 22a nehme ich aus, da diese dem kalten Gebiet angehört und nicht das Interesse in dem Masse erregt.

3. Westafrikanische Küste.

Anschliessend an die untersuchten Fänge der Planktonexpedition will ich zunächst die Sammelausbeute des Herrn Stabsarztes Dr. v. Schab behandeln, deren Untersuchung ich ebenso wie die des Materials der Herren Dr. Schott und Kapitain Bruhn dem freundlichen Entgegenkommen des Herrn Professor Brandt zu verdanken habe. Die Reise wurde auf S. M. S. „Falke" in den Jahren 1892/93 gemacht und zwar an der Westküste Afrikas.

Es waren nur Oberflächenfänge, die in einer Tiefe von höchstens 30 m ausgeführt wurden. Das ganze Material zeichnet sich dadurch aus, dass nur Arten geringer Grösse erlangt wurden. Es waren dies *Sagitta bipunctata, enflata, serratodentata, planctonis, Krohnia subtilis, Spadella draco.* Die grösseren Arten, besonders *Sagitta hexaptera,* waren nicht vertreten. Wahrscheinlich beruht das Fehlen auf der Kleinheit des Netzes, dem die gewandten Tiere zu entgehen gewusst hatten. Es ist wohl anzunehmen, dass die Art an den von v. Schab besuchten Stellen vorkommt, wenn auch nicht an allen Plätzen, so doch aber an denjenigen, welche dem freien Ozean angehören. Jedenfalls darf man vermuten, dass die Art im Golf von Guinea nicht fehlt, da doch von hier aus der Süd-Äqua-torialstrom seinen Ursprung nimmt und die Untersuchungen der bezüglichen Fänge der Planktonexpedition das Vorkommen der Art für diesen Teil des Ozeans ergeben haben. Es braucht wohl kaum erwähnt zu werden, dass die von Schabschen Fänge nicht mit-einander vergleichbar sind, da sie aus Tiefen verschiedenster Art herrühren. Qualitativ natürlich sind sie sehr gut zu verwerten. Das Material selbst war auf zweierlei Weise konserviert. 1. 100 ccm 1 % Chromsäure und 5 ccm koncentrierter Essigsäure. 2. 50 ccm 0,2 % Essigsäure und 50 ccm 0,05 % Osmium-säure. Die Dauer der Einwirkung einer dieser beiden Gemische war 5—10 Minuten. Der Fang wurde dann in verdünnter Essig-säure ausgewaschen und nach Überführung in Wasser in 45 % Alkohol gebracht. Die Konservierung war vorzüglich. Die Tiere hatten natürliches Aussehen erhalten und Lädierungen stehen ganz vereinzelt da. Die Bestimmung war daher mühelos. Ich werde die einzelnen Arten wie vorher getrennt von einander besprechen. (Hierzu Karte 2 und Tabelle 3.)

(Tabelle 3 siehe Seite 37.)

Sagitta enflata Grassi

war in 11 von 32 Fängen vorhanden, weniger zahlreich in den Küstenfängen, am stärksten vertreten im freieren Ozean, im Golf von Guinea nämlich in Fang 24, wo die Art den bei Weitem überwiegenden Bestandteil bildete und im Fange $^{30}/_{31}$, wo aus einer Tiefe von nur 9 m 112 Individuen gefördert wurden, in pracht-vollen, ausgewachsenen Exemplaren. Ausserdem war Fang 26 auf der Rhede von Monrovia recht ergiebig. Auf den übrigen

Datum:	27. XI.	9. XII.	11. XII.	11. XII.	12. XII.	12. XII.	12. XII.	26. XII.	26. XII.	8. IV.	8. IV.	8. IV.	8. IV.	8. IV.	16. IV.	17. IV.	19. IV.	20. IV.
Nummer:	2.	3.	4.	6.	7.	8.	9.	10.	10.	11.	12.	13.	14.	15.	15.	16.	17.	18.
Ort:	Freetown	Togo Kl. Popo	Klein Popo	Weida	Cotonu	Cotonu	Cotonu	Cotonu	Cotonu	Grosse Fischbay	Grosse Fischbay	Grosse Fischbay	Grosse Fischbay	Grosse Fischbay	Mossamedes		11°d.B. 11°56' ö.L.	Loanda Hafen
Tiefe:	20 m	14 m	14 m	11 m	15 m	15 m	15 m	15 m	15 m	27 m	27 m	27 m	27 m	27 m	13 m	0 m	0 m	30 m
Temperatur:	28,5°	28,5°	28,5°	28,0°	28,0°	28,0°	28,7°	28,7°	28,7°	18,8-29°	18,8-29°	19,4°	19,4°	21,5°	21,5°	21,7°	27,0°	27,4°
Sagitta bipunctata	12	79	153	81	16	198	77	189	189	21	13	1	3	11				4
Sagitta enflata		1			3									5				
Sg. serratodentata										12								
Sagitta planctonis																6		
Krohnia subtilis	x	3	7	3	x	x											36	98
Spadella draco.																	1	

1893

Datum:	24. IV.	26. IV.	3. VI.	4. VI.	10. VI.	10. VI.	21. VI.	21. VIII.	21. VIII.	22. VIII.	27. VIII.	27. VIII.	27. VIII.	21. IX.
Nummer:	19.	22.	23.	21.	25.	26.	27.	28.	29.	30.	30.	31.	31.	32.
Ort:	Loanda Hafen	Angola Küste 5°21'S.B. 10°50'ö.L.	Golf v. Guinea 3°38'S.B. 3°14'ö.L.	Golf v. Guinea 3°15'N.B. 0°17'ö.L.	Rhede von Monrovia	Rhede von Monrovia	Rhede v. Cap Palmas Liberia	Rhede von Cribi	Kamo- flussmündung	S. Thomé- Rhede	S. Thomé- Rhede	Rhede v. Cribi		
Tiefe:	27 m	0 m	0 m	0 m	16 m	16 m	24 m	10 m	8 m	9 m	9 m	9 m	9 m	10 m
Temperatur:	27,5°	28,4°	28,1°	28,2°	28,3°	28,3°	27,2°	27,3°	27,1°	25,0°	26,0°	26,0°	26,0°	26,8°
Sagitta bipunctata	1	1	5	5	36	45	11	99	148	6	6	4	4	122
Sagitta enflata	1		3	2	9	22	3			14	14	15	15	
Sg. serratodentata				1						5	5	5	5	
Sagitta planctonis	15	1												
Krohnia subtilis			5		4	5	2	3	1	1	1	1	1	6
Spadella draco.				2										

Stationen, die sämmtlich an der Küste in den Hafenorten gemacht wurden, war die besagte Art nur spärlich.

Sagitta serratodentata Krohn.

Da *Sag. serratodentata* zu den rein pelagischen Chaetognathen gehört, so war sie auch nur in den Fängen 24 und $^{30}/_{31}$ vorhanden, nämlich im Golf von Guinea und S. Thomé. Sie fehlte in sämmtlichen übrigen Fängen. In No. 24 war nur 1 Exemplar (Oberflächenzug), in No. $^{30}/_{31}$ 10 Individuen vorhanden (9 Meterzug.)

Krohnia subtilis Grassi

war verhältnismässig häufig; denn von 25 Fängen ist die Art in 15 vertreten und zwar hauptsächlich im Golf von Guinea und den dort liegenden Hafenorten, Sie fehlt an den südlich gelegeneren Punkten, die von Schab besucht hat. Nach diesen und obigen Ergebnissen scheint das Hauptverbreitungsgebiet für *Krohnia subtilis* der Süd-Äquatorialstrom und der Golf von Guinea zu sein. Ganz vereinzelt wurde sie an der Angolaküste gefunden, nämlich in dem Oberflächenzug No. 17 und hier nur in 1 Exemplar.

Spadella draco Krohn.

Das Vorkommen von *draco* in den von Schab'schen Fängen beschränkt sich einzig und allein auf dem Oberflächenzug No. 24 im Golf von Guinea, wo 2 Individuen im Fange vorhanden waren. Das Fehlen in sämmtlichen andern Fängen ist ein weiterer Beleg für das rein pelagische Vorkommen der Art. Es ist unwahrscheinlich, dass sie in den übrigen 31 Fängen nicht ein einziges Mal gefangen wäre, wenn sie überhaupt an den betreffenden Orten vorkommen sollte: denn dazu ist sie zu klein und das Netz musste doch wenigstens mehrere Male die Art enthalten haben.

Sagitta bipunctata Quoy et Gaimard

bildet den wesentlichen Bestandteil des Materials. Manche Fänge sind überreich an der Art. In 6 derselben waren allein über 120 *bipunctata* und das aus einer Tiefe von höchstens 15 m. Zu bemerken ist, dass von den gefangenen Tieren stets junge Individuen die geschlechtsreifen an Zahl übertrafen. Die Häufigkeit, die oft sehr grosse Anzahl der Exemplare und besonders das Übergewicht über die andern Arten bestätigt von Neuem, dass *Sag. bipunctata* vorzüglich an Küsten oder doch in der Nähe derselben zu suchen ist. Besonders reich war die Ausbeute bei T o g o (K l e i n - P o p o), C o t o n u , R h e d e v o n C r i b i und R h a m p o f l u s s mündung. Leider ist der Salzgehalt an der letztgenannten Stelle nicht angegeben. Man würde hieraus einen weiteren Schluss über das Vorkommen der Art im Brackwasser ziehen können. Arm waren die Fänge in der grossen F i s c h b a y, bei M o s s a m e d e s, L o a n d o und den freieren Stellen des Ozeans, nämlich L o a n d o k ü s t e, G o l f v o n G u i n e a und S. T h o m é. In 7 Fängen fehlt die Art vollständig.

Sagitta planctonis nov. spec.

Konstatiert werden konnte die Art in 6 Fängen und zwar in Fang 11 und 16—20. Fang 11 wurde in der grossen F i s c h b a y gemacht, die übrigen an der A n g o l a küste. Es sind dies Stationen, die der westafrikanischen kalten Strömung angehören. Die Oberflächentemperatur war bei Fang 11 nur 18°, während sonst die Wassertemperatur meistens 29° betrug. Bei Fang 16 war immerhin noch eine Temperatur von 21,7°, die in den folgenden allerdings bis 27°, 27,4° und 27,5° stieg, aber doch wohl noch unter dem Einfluss der kälteren Strömung stand; denn erst bei Fang 21 wird die alte Temperatur (29,5°) wieder erreicht. Das Vorkommen der Art konnte nur im besagten Stromgebiet festgestellt werden. In allen übrigen Fällen fehlt sie. Vereint mit *bipunctata* trat sie nur in Station 18 und 20 auf, war aber in bedeutend grösserer Anzahl vorhanden, ja bildete fast ausschliesslich den wesentlichen Bestandteil des Fanges. Von den Fängen war einer aus einer Tiefe von 30 m, 3 aus 27 m und 2 Oberflächenzüge.

4. Sammelausbeuten von Dr. Schott und Kapitän Bruhn aus dem atlantischen und indischen Ozean.

Als weiteres Untersuchungsmaterial erhielt ich die Sammelausbeuten des Herrn Dr. Schott und des Herrn Kapitän Bruhn. Dieselben umfassen ein viel ausgedehnteres Gebiet, als es bei dem Material der Plankton-Expedition und desjenigen des Herrn Dr. von Schab der Fall war. Die Fänge rühren nicht allein aus dem atlantischen, sondern zum grossen Teil aus dem indischen Ozean her. Einige Fänge sind aus der Strasse von Malaka. Ausserdem stammen sie nicht von einer Reise, sondern sind das Ergebnis mehrerer. Die erste Reise wurde von den Herren gemeinschaftlich gemacht und nahm folgenden Weg: Durch den atlantischen Ozean und zwar von der Grenze des Guinea- und Süd-Äquatorial- stromes südlich an der brasilianischen Küste entlang (Brasil- strom) bis etwa 40° S. Br., sodann ostwärts immer auf der Höhe des genannten Breitengrades durch den Agulhastrom an der Südspitze Afrikas vorbei bis zum 98° Ö. L. (Ferro), den West- australstrom durchschneidend. Von hier aus in NN-östlicher Richtung bis zur Strasse von Malaka. Fang 28 ist im Süd- Äquatorialstrom des indischen Ozeans. Die Rückfahrt machten die beiden Herren getrennt und zwar Herr Dr. Schott durch die Sundastrasse zwischen Sumatra und Java quer durch den indischen Ozean bis zum Cap der guten Hoffnung und von dort in nordöstlicher Richtung nach der Sargassosee. Herr Kapitän Bruhn nahm ungefähr denselben Weg, nur dass er vom Meerbusen von Bengalen ausging und Ceylon berührte. Diese beiden Reisen wurden in den Jahren 1891/92 ausgefuhrt. Eine weitere Reise unternahm dann Herr Kapitän Bruhn und zwar vom Suezkanal durch das Rote Meer bis nach Ceylon und von dort durch das Rote Meer zurück. Ein Fang wurde dabei 300 m öst- lich von der Somaliküste gemacht. Die Fänge sind nur qualitativ, zum Teil von der Oberfläche, zum Teil aus Tiefen von 120 und 180 m; auch mehrere Stufenfänge sind zu verzeichnen (16—9, 2--13). Im Ganzen bestand das Material aus 718 Individuen, ein sehr wert- voller Beitrag, um über die geographische Verbreitung der Chae- tognathen Schlüsse zu ziehen. Es kamen folgende Arten vor: *Sagitta hexaptera, bipunctata, enflata, serratodentata, Krohnia subtilis, hamata, Spadella draco.* Bekannt war das Vorkommen von Chae- tognathen im indischen Ozean an folgenden Stellen. *Sagitta hexaptera* (Borneo, Levinsen), *Sagitta tricuspidata* Kent (südlich und westlich von Madagaskar und südlich von Hinterindien, Levinsen), *Sagitta bipunctata* (östlich von Madagaskar, Levinsen). Im übrigen verweise ich auf die Strodtmann'sche Arbeit. Leider war eine Anzahl der von mir untersuchten Exemplare unbestimm- bar, die, da sie sehr klein waren, durch die Konservierung (direkt in Alkohol) ziemlich gelitten hatten, sodass die Bestimmung nicht möglich war. Was die Fangmethode anbetrifft, so wurde sowohl von Herrn Dr. von Schab, als auch von den Herren Dr. Schott

und Kapitän Bruhn die von Herrn Dr. Apstein konstruierte, ver-
kleinerte und modifizierte Form des Hensen'schen Planktonnetzes
verwandt. Der Durchmesser der Öffnung dieses Netzes beträgt
25 cm, die Fläche der Öffnung also 500 qcm. (Hierzu Karte 2
und Tabelle 4 und 5.)

(Tabelle 4 und 5 siehe Seite 42 bis 45.)

Sagitta hexaptera d'Orb.

ist in den Fängen nur spärlich vorhanden und nur ganz vereinzelt
gefangen. Es wird dies aus demselben Grund der Fall gewesen
sein, den ich bei den von Schab'schen Fängen angegeben habe.
Sagitta hexaptera der Ausbeute stammt nur aus dem atlantischen
Ozean und zwar sind es 6 Fänge, die die Art enthielten. Zunächst
ist es wieder der Süd-Äquatorialstrom, wo die Art erbeutet
wurde, dann folgt der Brasilstrom, der kalte Strom der West-
windtrift, der Agulhastrom und schliesslich die Sargassosee,
ausserdem noch auf einer Stelle südlich vom Süd-Äquatorialstrom (19° 20′ S. Br. 17° 40′ Ö. L.). Auffallend ist es doch, dass
hexaptera kein einziges Mal in einem Netzfang im indischen Ozean
sich fand, trotzdem mit demselben Netze Tiere, wenn auch in recht
geringer Anzahl, im atlantischen Ozean gefangen wurden. Die An-
wesenheit von *Sagitta hexaptera* im indischen Ozean ist von Levinsen
(siehe oben) festgestellt. Im Roten Meer fehlte gleichfalls die Art.
Übrigens waren die Exemplare alle von mittlerer Grösse und junge
Individuen.

Sagitta enflata Grassi.

Häufiger als *Sagitta hexaptera* ist *Sagitta enflata* in den
Schott'schen und Bruhn'schen Fängen. Im atlantischen Ozean
kam sie im Süd-Äquatorial-, Brasil- und Benguelastrom
vor. Die Menge war gering; es waren nie mehr als 5 Individuen
in einem Fange, trotzdem 4 davon aus einer Tiefe von 100 m und
darüber waren. Reicher war die Ausbeute im indischen Ozean,
wo die Oberflächenfänge 29 und 43 eine ziemlich grosse Anzahl der
Art lieferten. Fang 29 wurde nahe der Nordwestküste Sumatras,
Fang 43 im Meerbusen von Bengalen ausgeführt. Ein weiterer
Fundort ist die Malakastrasse (No. 31). Zu erwähnen sind dann
noch die Fänge 28, c und 47, letzterer aus dem Agulhastrom.
Da *enflata* nach den Erfahrungen eine den warmen Gebieten ange-

42

Chaetognathen der Schott'schen
Tabelle

	1891								
Datum:	12. XI.	12. XI.	18. XI.	19. XI.	23. XI.	23. XI.	23. XI.	23. XI.	2. X.
Nummer:	1.	2.	3.	4.	5.	6.	7.	9.	10.
Po- Breite	1° 26′ N.	4° 3′ N.	11° 28′ S.	13° 41′ S	25° 39′ S.	24° 24′ S.	24° 21′ S	24° 24′ S	38° 3′ S
sition Länge (Ferro)	5° 7′ W.	8° 27′ W.	16° 38′ W.	17° 7 W.	18° 41′ S.	18° 56′ W.	18° 56′ W.	18° 56′ W.	9° 21′ W.
Tiefe:	100 m	0 m	100 m	50 m	0 m	25 m	100 m	180 m	100 m
Temperatur:	27,6°	27,7°	26,1°	26,3°	22,0°	23,2°	23,2°	23,2°	14,2°
Sagitta hexaptera	2	--	-	—	—	—	—	1	—
Sag. bipunctata	2	—	—	—	60	1	1	—	—
Sag. bipunctata ?	—	--	—	—	—	—	—	—	—
Sagitta enflata	5	1	4	--	—	—	1	2	—
Sag. serratodentata	8	9	15	3	12	—	—	—	—
Sag. serrat. jun.	—	—	—	—	—	—	—	—	—
Krohnia subtilis	2	1	—	—	1	—	—	—	—
Krohnia hamata	—	—	—	—	—	—	—	—	—
Spadella draco	1	—	—	—	—	—	—	1	—
Spadella draco. ?	--	—	—	—	1	--	2	4	—
Unbestimmbar	--	—	-	2 (wahrsch. serr.)	—	—	—	--	1
	20 (Grenze des Guinea- u. Südaqua-torialstr.	11	19 Südaqua-torialstr.)	5	74	1	4	8	1 West-

Brasilstrom

Atlantischer

und Bruhn'schen Sammelausbeute.
No. 4.

		1891					1892		
9. XII. 11.	9. XII. 12.	9. XII. 13.	9. XII. 14.	10. XII. 15.	13. XII. 16.	13. XII. 17.	6. I. 28.	12. I. 29.	16. I. 31.
40° 15' S. 24° 20' Ö.	40° 20' S. 21° 50' Ö.	40° 20' S. 24° 50' Ö.	40° 20' S. 24° 50' Ö.	40° 23' S. 26° 45' Ö.	41° 32' S. 35° 49' Ö.	41° 32' S. 35° 49' Ö.	6° 32' S. 104° 48' Ö.	4° 56' N 112° 56' Ö.	5° 39' N. 114° 55' Ö.
0 m	70 m	0 m	100 m	70 m	50 m	100 m	0 m	0 m	100 m
11,7°	12,6°	12,6°	12,6°	11,9°	19,7°	19,7°	27,9°	29,1°	28,9°
—	1	—	—	—	1	—	—	—	—
1	—	—	—	—	—	—	—	14	1
—	1	—	—	—	1	—	—	—	—
—	—	—	—	—	—	—	4	48	7
—	4	2	21	—	2	9	10	89	—
—	—	—	1	—	—	—	—	—	—
—	—	—	—	—	—	—	—	—	—
—	—	—	—	6	—	—	—	—	—
—	—	—	—	—	2	—	—	2	—
—	—	—	—	—	—	—	—	—	—
—	—	—	—	6	2	5	55 24	—	4°
1	6	2	22	12	8	14	93	153	12

windtrift (kalter Strom) | Agulhastrom | Südäqua-torialstr. | Malaka-strasse

Ocean | Indischer Ocean

Chaetognathen der Schott'schen

Tabelle

	1892								
Datum:	11. VII.	27. VII.	3. VIII.	3. VIII.	8. VIII.	--	—	—	—
Nummer:	c.	e.	f.	g.	h.	41.	42.	43.	44.
Position Breite	25° 0' S.	34° 50' S.	24° 30' S.	24° 11' S.	19° 20' S.	15° 54' N.	15° 56' N	19° 52' N.	29° 30' S
Länge (Ferro)	60° 42' Ö.	36° 15' Ö.	25° 45' Ö.	22° 30, Ö.	17° 40' Ö.	103° 48' Ö.	103° 45' Ö.	107° 51' Ö.	61° 0' í
Tiefe:	100 m	75 m	0 m	0 m	100 m	120 m	0 m	0 m	0 m
Temperatur:	22,6°	15,5°	17,7°	17,9°	19,0°	22,6°	22,6°	20,5°	25,2°
Sagitta hexaptera .	—	—	3	—	1	—	—	🔻	—
Sag. bipunctata . .	—	—	1	—	2	—	—	69	19
Sag. bipunctata ? .	1	—	—	1	—	—	—	—	—
Sagitta enflata. . .	1	—	5	—	—	2	4	35	2
Sagitta enflata ? .	—	—	—	—	—	—	—	—	—
Sag. serratodentata.	—	--	7	—	1	1	—	—	--
Krohnia subtilis . .	—	—	—	—	—	5	—	15	1
Krohnia hamata . .	—	—	—	—	—	—	—	—	—
Spadella draco . .	—	—	2	—	—	—	—	—	—
Spadella draco ? .	—	1	--	—	--	—	—	—	--
Unbestimmbar. . .	—	—	50	— •	--	18	—	—	—
	2	1	68	1	4	26	4	119	22
	Südäquatorialstr.	Agulhas strom	Sargassosee	Benguelastr.		Meerbusen von Bengalen			
	Ind. Ocean	Atlantischer Ocean				Indischer			

und Bruhn'schen Sammelausbeute.
No. 5.

	1892					1893				
—	—	—	19. III.	20. III.	24. III.	2. IV.	3. IV.	8. IV.	22. VI.	2. VII.
46.	47.	48.	1.	2.	3.	4.	5.	6.	7.	8.
36° 50′ S.	34° 52′ S.	34° 52′ S.	23° 35′ N.	21° 0′ N.	12° 20′ N.	7° 13′ N.	6° 47′ N.	6° 20′ N.	3° 40′ N.	10° 20′ N.
53° 10′ Ö.	36° 0′ Ö.	36° 0′ Ö.	54° 25′ Ö.	56° 5′ Ö.	63° 0′ Ö.	91° 36′ Ö.	91° 50′ Ö.	110° 30′ Ö.	69° 42′ Ö.	56° 30′ Ö.
0 m	100 m	0 m	0 m	0 m	0 m	0 m	0 m	0 m	0 m	0 m
25,0°	26,2°	26,2°	20,5°	22,0°	26,0°	30,8°	31,2°	32,5°	32,0°	33,6°
—	—	—	—	—	—	—	—	—	—	—
—	—	—	—	—	—	—	—	—	—	—
1	6	1	2	4	2	12	9	1	4	2
—	—	—	—	—	—	58	—	—	—	—
—	3	—	1	1	—	—	—	—	4	—
—	—	—	1	—	—	3	—	—	—	—
—	6	—	—	12	—	7	—	—	5	—
—	—	—	—	—	—	2	—	—	—	—
—	—	—	—	—	—	—	—	—	—	—
—	—	—	—	—	—	—	—	—	—	—
—	—	—	—	4	—	—	—	—	—	—
1	15	1	4	21	2	82	9	1	13	2
	Agulhastrom		Rothes Meer			Ceylon		Nicobaren	Somaliküste	Rothes Meer
Ocean	Atlant. Ocean					Indischer Ocean				

hörende Art ist, so ist das Fehlen in der antarktischen (kalten)
Trift wohl dahin zu deuten.

Sagitta serratodentata Krohn.

Im Material ist diese Art am häufigsten vertreten. Sie ist
in 19 Fängen vorhanden. Am ergiebigsten war auch hier No. 29
von der Nordwestküste Sumatras. Neu ist das Vorkommen im
Roten Meer, wo sie an der Oberfläche gefischt wurde (Kapt. Bruhn
1893 No. 2); ebenso ist sie bisher noch nicht im indischen Ozean
beobachtet worden. Schott resp. Bruhn fingen die Art im
Süd-Äquatorialstrom des indischen Ozeans, im Meerbusen von
Bengalen, westlich von Ceylon und östlich von Somali. In
den meisten Fängen war diese Art am reichlichsten vertreten und
bildete den wesentlichen Bestandteil der Sagittenmenge derselben.

Krohnia subtilis Grassi.

Im vorliegenden Material ist *Krohnia subtilis* ebenfalls eine
der selteneren Arten; denn sie war nur in 7 Fängen enthalten. Im
atlantischen Ozean ist das Vorkommen im Brasilstrom neu
(Fang 5). Dann aber ist sie auch im indischen Ozean gefangen.
Der Oberflächenzug No. 43 im Golf von Bengalen ergab sogar
15 Individuen. Die übrigen Fänge in dem genannten Ozean No.
41, 44 und 4 (Kapt. Bruhn 1893) enthielten nur wenige Exemplare. Im Übrigen möchte ich nicht unerwähnt lassen, dass *subtilis*
weder im kalten Stromgebiet, noch im Roten Meer gefischt wurde.

Spadella draco Krohn.

ist in geringer Menge vorhanden. Der Kleinheit und der Zierlich-
keit der Art ist es wohl zuzuschreiben, dass sie am meisten durch
die Konservierung gelitten hat. Nicht weniger als 4 Fänge ver-
anlassten mich, die Bestimmung als zweifelhaft hinzustellen, so dass
ich diese Fälle leider nicht berücksichtigen kann. Neu ist das Vorkommen auch hier im Brasilstrom (No. 9), Agulhastrom
(No. 16) und indischen Ozean (No. 29). Im antarktischen
Strom ist *draco* nicht gefangen worden, ebensowenig im roten Meer.

Sagitta bipunctata Quoy et Gaimard.

Neben *Sagitta serratodentata* ist *Sagitta bipunctata* die häufigste
in den Schott'schen und Bruhn'schen Fängen; denn sie ist in

22 derselben enthalten, in den Oberflächenzügen sogar meistens recht zahlreich vertreten. *Sagitta bipunctata* ist von früheren Forschern (Levinsen siehe oben) schon im indischen Ozean beobachtet worden und das Vorkommen im Roten Meer, das Strodt- mann zuerst anführt, kann ich bestätigen. Es muss hervorgehoben werden, dass im Süd-Äquatorialstrom (nur an der Grenze vom Guineastrom) von Schott und Bruhn keine *Sagitta bipunctata* gefangen wurde, wie auch in den Fängen der Planktonexpe- dition die Art äusserst selten war oder gänzlich fehlte. Fang 2 liegt mitten im atlantischen Ozean. Im Brasilstrom fanden sich keine Sagitten der Art. In der antarktischen Trift war *bipunctata* zu verzeichnen, ebenso in der Malakastrasse.

Krohnia hamata Möbius.

Diese sonst nur aus der nördlichen Hemisphäre bekannte Art, und zwar in den arktischen Gewässern, ist jetzt auch in dem antark- tischen Strom gefunden. Der interessante Fang ist No. 15 aus einer Tiefe von 70 m. Die Oberflächentemperatur war 11,9°. Es wurden nur junge Exemplare erbeutet.

Die Chaetognathen aus dem Hamburger Museum.

In liebenswürdiger Weise waren mir von der Direktion des naturhistorischen Museums zu Hamburg die Chaetognathen des Museums zur Untersuchung zur Verfügung gestellt, wofür ich der Direktion zu grossem Danke verpflichtet bin. Es waren im Ganzen 20 Gläser, deren Inhalt ich bestimmt habe. Leider waren 6 Gläser ohne nähere Angabe des Fundortes, 5 weitere will ich nicht berücksichtigen, da sie aus der Nordsee und dem Mittel- meer stammen und deren Besprechung nichts Neues zu Tage fordern würde, es waren in diesen Fängen nur *Sagitta bipunctata* und *enflata* enthalten. Es blieben also nur 9 Gläser, deren Inhalt ich für meine Zwecke verwenden konnte. 2 Gläser stammen aus dem atlantischen, 3 aus dem pacifischen und 4 aus dem indischen Ozean. Im atlantischen Ozean wurde das Vorkommen von *Sagitta hexaptera* im antarktischen kalten Strom (40° S. B. 18° 40′ Ö. L.) konstatiert, ferner dieselbe Art im Sargassomeer (25° N. B. 40° W. L.). Im indischen Ozean waren es der Golf von Bengalen *(Sagitta bipunctata, enflata, Krohnia subtilis)*, Ceylon *(Sagitta bipunctata enflata, Spadella draco)* und Mozambique (Agulhastrom). Auf letzterer Station konnte die Art nicht genau bestimmt werden; doch handelt es sich höchst wahrscheinlich um *Sagitta enflata*. Im pacifischen Ozean war es der Australstrom, aus dem *Sagitta bipunctata, enflata, serratodentata* (?) und *hexaptera* erbeutet waren. Ein weiterer neuer Fundort ist der Perustrom (kalt), aus dem *Sagitta bipunctata* gefischt wurde. Hervorheben will ich, dass in dem Material vom Hamburger Museum *Sagitta hexaptera* in sehr grossen Exemplaren vorhanden war, wie ich sie bei meinen anderen Untersuchungen nie gefunden hatte. Die Länge der Individuen betrug bis 6 cm. Es ist nur zu bedauern, dass die Tiere teilweise durch den Alkohol ihr straffes, schönes Aussehen vielfach eingebüsst hatten.

Im Anschluss an die letzte Untersuchung habe ich noch die Ausbeute des Herrn Dr. Michaelsen durchgesehen. Auch diesem Herrn statte ich an dieser Stelle meinen Dank für Überlassung des Materials ab. Herr Dr. Michaelsen hatte eine Forschungsreise nach der Magalhaesstrasse in den Jahren 1892/93 unternommen. Zwei der Fänge wiesen Sagitten auf. Es kamen dort vor *Sagitta serratodentata* und *Spadella draco*. Die sonst an Küsten so häufige Form *Sagitta bipunctata* war nicht in dem Material vorhanden. (Hierzu Karte 2.)

Aus meinen Untersuchungen ergiebt sich, dass die Chaetognathen in erster Linie Bewohner der oberen Wasserschichten sind. Für Arten, wie *Sagitta enflata, serratodentata, Spadella draco* gilt dies ganz besonders, da sie bei den ausgedehnten Untersuchungen der Planktonexpedition nicht tiefer als 400 m gefunden sind. Andere Arten, wie *Sagitta hexaptera, furcata, Krohnia subtilis*, ferner *Sagitta bipunctata* sind nicht so sehr an die Oberfläche gebunden und suchen grössere Tiefen auf, während die nordische Art *Krohnia hamata* und vielleicht auch *Sagitta planctonis* in Tiefen von mehr als 1000 m zu leben vermögen. Man unterscheidet ferner pelagische und Küstenformen. Zu letzteren gehört unstreitig die kosmopolitische *Sagitta bipunctata* und, wie schon O. Hertwig nachgewiesen hat, *Sagitta cephaloptera*. Zu den pelagischen Formen sind die übrigen Arten zu zählen, welche mir bei meinen Untersuchungen zur Verfügung standen. Im Besonderen gilt dies für *Sagitta serrato-*

dentata und *Spadella draco*. Für das genauer untersuchte Gebiet des Süd-Äquatorialstromes kann ich als die vorherrschenden Arten *Sagitta enflata* und *Sagitta serratodentata* bezeichnen. Die oben mitgeteilten Untersuchungen des reichen Materials aus anderen Meeren ergaben die bemerkenswerte Thatsache, dass bis jetzt noch keine Chaetognathen-Art im indischen oder pacifischen Ozean gefunden ist, die nicht auch in dem atlantischen Ozean vorkommt. Nach dem vorliegenden Material zu urteilen, ist die früher nur im Mittelmeer und bei Madeira konstatierte Art *Sagitta enflata* recht häufig im indischen Ozean; sie ist sogar anscheinend die gemeinste Spezies dieses Gebietes.

Lebenslauf.

Ich, **Carl Otto Steinhaus,** bin geboren den 10. August 1870 zu Hamburg als Sohn des Reichs-Schiffsvermessungs-Inspektors und Schiffbau-Ingenieurs C. F. Steinhaus und dessen Frau Gemahlin Auguste, geb. Hansen. Nachdem ich in Hamburg das Maturitätsexamen bestanden hatte, bezog ich Ostern 1890 die Universität Freiburg, um mich den Naturwissenschaften zu widmen. Michaelis 1892 ging ich nach Kiel, um dort meine Studien fortzusetzen. Am 3. August 1895 bestand ich das Examen rigorosum. Meiner Militärpflicht mit der Waffe genügte ich vom 1. October 1895 bis 1. October 1896 bei der 11. Komp. Inf.-Regts. Graf Bose (1. Thüring.) No. 31.

Vorlesungen hörte ich bei den Herren Professoren und Docenten Gruber, Hildebrand, Keibel, v. Kries, Riese, Steinmann, Weismann, Wiedersheim, Ziegler, Brandt, Dahl, Deussen, Glogau, Lohmann, Reinke, Schütt.

Allen meinen verehrten Lehrern sage ich hiermit meinen besten Dank. Eine angenehme Pflicht ist es mir, meinem hochverehrten Lehrer, Herrn Professor Brandt, auch an dieser Stelle meinen besonderen herzlichsten Dank auszusprechen für die gütige Überlassung des wertvollen Materials, als auch für die Unterstützung, die er mir bei meiner Arbeit hat zu Teil werden lassen.